PIN

撿到好運的正向吸引力

年收47億書店社長
從撿垃圾學到的
12個人生幸福指南

ゴミ拾いをすると、
人生に魔法がかかるかも♪

吉川充秀——著
黃佳韻——譯

高寶書版集團

目　錄
Contents

前言　015

第1章　我之所以會開始撿垃圾

就算是企業經營者，也可以過無壓力的生活　032
健身與拾荒　036
連腳邊的一個紙屑都不撿的人，成得了什麼事？　039
讓撿垃圾變成習慣的方法　040
撿垃圾充實了我所有步行移動的時間　041
自己經營的公司裡出現了「垃圾話交流時間」　043
好像撿垃圾撿出了一點名氣？　045
我的拾荒活動日記，在此公開　047
拿著垃圾夾，撿遍全日本　052
撿遍全日本才發現的拾荒大驚奇　058
撿垃圾是為了什麼？　059

我的預期年薪與實際年薪 061
公司連續十一年刷新最高獲益 063
四十八歲提前退休 065
外賓來到 PRIMAVERA 時最感到吃驚的事情是？ 067
撿垃圾是「凡事徹底」的代表選手 069
撿垃圾可以改變外在、也可以改變內心 070

第2章 撿垃圾，或許會為你的生活增添魔法喔♪

也曾經被家人說過「很丟臉，別這樣」 080
撿垃圾不為別的，只為自己而做 082
透過撿垃圾活出自我 084
活出自我所需的最強口頭禪 087
撿垃圾，讓人「淨化心靈」 091
骯髒的事物，看起來也變得沒那麼髒了 092
掉在地上的食物，是上天給的禮物 094

目　錄
Contents

用什麼方式去看待掉在地上的垃圾？ 099
不批判，可以讓內心變得沉穩 100
只要不批判，問題就不是問題 102
就算陪老婆購物時等很久也不會感到煩躁 108
家庭活動時也不會感到煩躁 110
在不感興趣的主題樂園也不會感到煩躁 112
撿垃圾可以減少自我中心，豐富自己的心靈♪ 114
減少了煩躁感，奇蹟一個接著一個來 118
需要的東西，會在你需要它的時候來找你 121
培養幸福大腦，正向看待已經發生的事情 123
臭腳丫總裁和大便總裁 124
切割事件與詮釋，就能創造自己的現實 127
生而為人，最偉大的能力是什麼？ 128
克己與自我肯定的指標 130
目標訂得高也很棒，撿起腳邊的垃圾而滿足也很棒 133
要努力也要樂在其中 135

「拾荒漫步」是最優質的健康習慣 139
我的愛車是中古的電動菜籃車 142
什麼是微拾荒單車時光？ 144
我不會把撿垃圾稱為「拾荒道」的原因 145
越是了不起的人越容易過得痛苦 147
撿垃圾讓人學會無視的力量 149
從厲害的人變成很棒的人 150
追求「厲害」是永遠看不到終點的 152
進入「很棒的」世界的方法 153
享受過程，表達自我的世界 154
我的文章會有這麼多音符的原因♪ 158
會加上音符還有另一個原因 160
哼出旋律，「做」出心情 163
撿垃圾時很自然地就能哼起歌 164
為什麼說撿垃圾的時候戴耳機就太浪費了 166
三個方法打造幸福愉快的狀態 167

目錄
Contents

幸福就掉在你的腳下 171
撿垃圾至今，一共撿到了多少錢？ 174
撿垃圾的功效是發自內心深處去發現腳邊的幸福 175
見花是花，理想的生活方式 178
淡然處世；笑臉迎人；兩袖清風；沉默是金 179
撿垃圾的足跡遍布全球 183
還被邀請去參加神秘旅遊 184
在紐約撿垃圾的時候 185
我在韓國的機場做了一個實驗 186
讓好事發生的原理 188
把垃圾夾忘在客美多咖啡廳、專程去取回的趣事 190
真正精神富足的生活不需要自我犧牲、也不需要硬撐 192
與其遊訪能量景點，不如把自己變成能量景點吧 193
撿垃圾就會被視為「好人」的原因 195
以結果來說，撿垃圾可以贏得員工的信任 196
代駕司機到處宣傳我的「好老闆事蹟」 198

撿垃圾可以鬆動自己先入為主的概念 200
撿垃圾作為一種信賴感，直接連結到商務上的經驗 202
維持撿垃圾的習慣，光是自己的存在就能影響別人 203
最愛把「好可愛」掛在嘴邊 207
解釋是由形容詞和副詞所組成的 208
只要說「好可愛」世界就會變得好可愛 211
對自己說「好可愛」吧 212
把自己的第一人稱替換成暱稱 214
什麼是I love myself ♪？ 215
I love myself ♪的原點就是撿垃圾 217
撿垃圾的時候，就能回到「I love myself ♪」的狀態 218
構成自信的三個要素 220
瑜伽、掃廁所和撿垃圾，放在一起比一比？ 220
撿垃圾是最讚的習慣 224
撿垃圾，就可以金榜題名？ 227
把撿垃圾視為一種個人形象經營也OK 229

目　錄
Contents

高中棒球隊隊員為什麼也要撿垃圾？ 230
假如我是一個政治家 232
第一次可以從絕對的私心開始 235
持續撿垃圾，持續圓滿自己 236
徹底地將自己的好心情視為唯一考量、第一優先吧 238
因為頭銜而有包袱，為包袱所苦的社會 240
活在自己的世界，並尊重他人的世界 241
撿垃圾可以帶來世界和平的原因 243
開始撿垃圾，讓萬物都變可愛了？ 246
面紙和便條紙都不用買了，自給自足 247
蒐集心態會引發永無止境的越來越多 249
對撿來的東西感到「怦然心動」 251
多數的消耗品都可以透過撿垃圾來補充？ 253
似乎也理解了「物哀」的美學 254
要讓自己保持好心情，就要好好地珍惜事物過生活 257
美麗的誤解可以帶來好心情 258

從撿來的東西之中得到幸福感受的理由 261
珍惜事物就等於節儉……並不是這樣的 262
珍惜事物的生活方式，就是享受日常生活的生活方式 264
對事物的看法，會改變人生的滿足程度 266
對待事物的能量和對待人的能量最終都是同一回事 269
真正的愛是什麼？ 270

第3章 那麼，一起來撿垃圾吧！

拾荒新手，最初的一步 274
該怎麼解決「鄰居的異樣眼光」？ 276
最常有垃圾散落的地方就是這裡 278
也可以瞄準這裡的垃圾 280
適合撿垃圾中、高級玩家的工具 282
選用能讓自己怦然心動的垃圾袋吧♪ 285
目的並不是將垃圾分門別類 287

目　錄
Contents

除了帶回家，垃圾還可以怎麼處理？ 290
旅行中處理垃圾的方法 292
垃圾就是這樣找到的 293
撿垃圾的時候最常見的東西ＴＯＰ５ 295
「風水不好的場所」正是最佳的撿垃圾地點 298
只有這點要特別小心！撿垃圾需要注意的事 300
撿垃圾時見好就收的最佳時間點 302
結語 304

前言

我是一名中小企業家，也是「幸福的專家」，同時也是拾荒仙人

我是吉川充秀，「No Gomihiroi,[1] No Life（不撿垃圾，不算活著）」是我的座右銘。

感謝您將這本談「撿垃圾」的書拿起來閱讀。我想，假如大家在讀了這本書之後，都可以掌握**幸福快樂過生活**的秘訣，那就太好了，我抱著這樣的希望寫下這本書。

本書的內容將會為各位說明什麼是「撿垃圾的正向吸引力」，不過在這之前，先讓我用三個不同角度的側寫來簡單介紹一下我是一個什麼樣的人。

1 撿垃圾的羅馬拼音。

我的第一個身分，是PRIMAVERA股份有限公司的創辦人，總公司設立於群馬縣太田市。而現在我已經提前退休，成為名譽會長。

一九九八年，我二十四歲時創業，二十五年後，公司年銷售額來到四十七億日圓、經常性收益超過四億元。

近期已經連續十三期達成增收增益[2]。連續十一期創下歷史最高獲利紀錄。何其有幸，至今為止，全日本已經有三百多間公司為了學習「如何系統化地達成增收增益」前來PRIMAVERA的總部觀摩見習。

我自己也是在公司創立三年後、我二十六歲時，年收入就超過五千萬日圓、登上了富豪排行榜，現在的「預期年薪」則是一億日圓（意思是只要我想領董事薪酬，隨時都能領到這個數字）。在現今這個資本主義的社會，應該已經能夠被歸類為所謂的「成功人士」了。

而我同時也具備了「幸福的專家」這樣的第二重身分。

2 營業額與獲利皆增加、正向成長。

所有員工的幸福就是我經營事業的目標。但實際上，想要讓大家真的感受到幸福，就必須針對幸福做一番徹底的研究。我在二〇〇五年理解到這一點後，便一直將**「系統化經營」和「幸福的研究」視為人生的兩大課題**，不斷地鑽研。

當我開始研究幸福，就發現了習慣的重要性。我是一個熱衷於培養習慣養成的魔人，在日本國內的每個角落、乃至於世界各地，我都仔仔細細地從各個名人或是企業家的身上找出一些所謂的「好」習慣來偷師學藝。不論是關於健康、經濟、甚至是心靈富足等等幾百種大大小小、各式各樣的習慣，我都會去試一試。最後，我發現了一個像是從最深的溝渠淘出的黃金般、**令我感到如獲至寶的習慣，那就是——撿垃圾**。

我的第三個身分，就是「拾荒仙人」。

我開始撿垃圾是在二〇一五年。從那時起，我每天只要有一點點空閒就會去撿垃圾。至今撿起的垃圾已經超過了一百萬個。

在自己的生活圈裡，時常會有路過的行人跟我搭話，我甚至還曾經出現在太田市市長的 Twitter 貼文上，姑且也算是個「不知名的紅人」的樣子（笑）。

我作為「系統化經營專家」和「幸福的專家」，這十八年來廣泛閱讀各種關於經營管理與自我啟發的書、參加了國內外多場專題研討，一直在追尋著「真理」。我的領導人朋友們總說我是「專題研討魔人」，十八年來，我花在這方面的費用大概有兩億日圓。

同時，一直以來我與我的員工和他們的家庭同甘共苦，在我個人的私生活以及工作上都得到了許多難能可貴的經驗。在這十八年當中，有一件事特別讓我覺得獲益良多：

「人生，取決於看待事物的觀點、思考的角度，還有習慣。」

所謂的人格（你是一個怎麼樣的人），主要是依照一個人用什麼樣的思維觀點去解釋外在事物而形成的。除此之外，就是**由那個人日常生活中的習慣所構成的。**

習慣造就性格，相信大家都聽過這句名言。那麼，反過來說也就意味著，**我們只要可以改變看待事物的觀點、思考的角度、或是改變自己的習慣，就能夠改變人生。也就是說，自己想要的人生是真的能夠靠自己去構築的。**

我自己從三十一歲那時開始，就廣泛學習古今中外的各種成功哲學，吸納企業經營者前輩或是運動員、哲學家、宗教家們口中的「人生的真理」，也就是思維觀點、思考的角度與習慣，並靠著自己身體力行，一遍又一遍地親身實驗。

許多的教導都告訴我們要「Be good」，做一個好人

就結果看來，我們可以發現到，許多有名的企業家、宗教家、哲學家要表達的的其實都是同一件事。看來在每一條「路」上鑽研而且精通的人們，最終還是會得到同樣的結論。

企業經營者們每天都在為了達到銷量、利益等經濟層面而奮鬥。如此一來，才可以作為一個「成功人士」，享有社會上的聲譽。所以說，企業家口中所謂的幸福，就是奠基於「達成」經濟層面上的成功。這件事在運動員身上也是一樣的。假如是體育選手，這個基礎就會換成是拿到金牌、或是奪得世界冠軍之類的榮譽。

所以，**若問他們所稱的「幸福」到底是什麼呢？答案多半都是「自我實現」**。也就是變成「自己想要的樣子」、或是「得到自己想要的」，為此，**在到達那個終點之前的過程，都需要非常努力**。

自我實現的意思，就是「成為理想中的自己」。為了達到這一點，就要去理解現狀和理想之間的差異，並且持續努力去填補中間的斷層。如此一來，「只要努力必定會開花結果」。我認為大家很常是根據這個脈絡在探討幸福的。

但是，**如果只是一味地追求自己的成功，長期下來卻容易失去別人的支持**。因此，為了得到大家的支持，謙虛的態度和平時的人品就變得相當重要了。以一個企業家的情況來說，舉凡員工、客戶和廠商的信任，都是不可或缺的。所以，**為了獲取大家的信任，就必須「雕琢自己的人格」**。

那麼，這裡所說的「雕琢自己的人格」又是什麼意思？一言以蔽之，就是「Be good」。也就是要做一個好人。

包括我自己在內，**大部分人的共同認知，都是以善惡為基準建立起來的**。從很小的時候，父母或學校的老師就已經在我們心裡種下倫理、道德這些觀念的種子了。

「這是好事、這是壞事。多行善舉，勿為惡行」。諸如此類，**所謂善與惡的標準就是我們被灌輸的集體意識之一**。

做生意，面對的是不特定多數的顧客以及員工。因此，更應該要符合這樣的共識，所有的行動以不背離善惡基準為前提，才能得到信任、被視為一個「善良的人、良心公司」，最終，才能夠持續地為大家所支持。

我本身也是一個商人，所以一路走來一直都把「Be good」這件事當作人生和經營管理的一個大原則。直到我遇見了撿垃圾這件事……

太過執著於「做一個好人」反而令人覺得痛苦

不過，「做一個好人」這樣的原則，卻會讓我們感到痛苦。

舉例來說，「身為公司領導人，就應該在員工面前保持笑容。就算自己感覺很糟糕的時候，也不能露出不愉快的表情，必須隨時打起精神！」

其實滿常會聽到這種話的。

「身為公司領導人，就應該為了員工拚上老命去工作。一定要有自我犧牲的精神，想要從員工身上贏得信任，就一定要具備這樣的特質。」還有這種，很多厲害的企業領導人都會這麼說。

可是啊，這實在是一種很嚴苛的規矩呢（苦笑）。再怎麼說，領導人也還是個人。但像我們這麼保守謹慎的人，就會為了去符合「做一個好人」這樣的集體意識，**而替自己定下一些高標準的「自我要求」，讓自己變得很痛苦**。

一直到現在，只要聽說哪裡有「很厲害的公司」或「很厲害的人」，我就會把自己的本業擱置一旁，不論對方在日本的哪個角落，我都會去拜訪。去見一見那些超乎常人想像的人們也是我畢生的志業之一，這些對象不僅限於企業經營者。

如果有人有超能力，可以在我眼前把魔術方塊的六個面瞬間拼好，那我一定會去拜訪他；如果有人可以好幾年不吃東西仍過得很健康，我也會去拜訪。如果有人可以一天只睡四十五分鐘卻還是精力充沛，我也會去見一見那樣的短睡眠者，而且我還真的付了錢，參加過讓自己變成短睡眠者的人體實驗。假如能把平常需要花上八個小時的睡眠縮短成三個小時解決，一天就能夠多出五個小時的時間，便可以把那些時間拿來工作，我當時可是很認真地在想這件事的。

在我拜訪過的人當中，包括日本國內某位首屈一指「創造出超群業績成長」、「很了不起」的中小企業領導人。他被稱為「日本數一數二的超級聖人」。

那個人幾乎被比做是現代佛陀還是耶穌了，在眾多知名企業的領導人之中也有很多人崇拜他，真的是一位擁有完美經營理念的企業主。我也實際去找過他幾次，覺得他是一個非常高風亮節的人。

他在對員工和經營團隊進行演說的時候，都會提到一些崇高的理念，而自己本身也親身實踐，真的就是所謂的「聖人」。

但是，某一次，我從認識個企業家口中聽說了一個內幕：

「吉川先生，我跟你說，那個老闆啊，其實付了為數不少的年薪聘請了一個私人司機。聽說那個司機之所以薪水那麼多，是因為他最主要的工作就是聽老闆在車子裡瘋狂飆罵呢。大概是因為平常必須表現得很完美，所以就只能在車上把那些一直積壓在心裡的情緒一吐為快吧。」

我聽了這個說法，實在是嚇了一大跳。不過，同時看見了這位老闆也有著普通人的一面，發現他是個親切可愛、很棒[3]（我會這麼寫是有原因的。後面會再詳細解釋）的人，不禁有種鬆了口氣的感覺。

世界上有很多的偉人都會被大家神格化，但實際上，他們也都是有血有淚的人

3 作者這邊將很棒的漢字寫作素適，一般寫做素敵。此處及書中其他地方多使用此用法，藉此強調給人親切舒適的感受。

啊。也會有自私的一面，當然也會有負面情感；也會因為當天的心情，而在大家看不見的小地方上打破自己所訂下的原則。當然我自己也是整天都在打破自己的原則啦（苦笑）。要是一直都處在緊繃的狀態，就會像這位老闆一樣大爆發了。畢竟這種能量的收支平衡總還是得找到方法去調節的。

說了這麼多，其實我想說的是：「到頭來，我至今也不曾遇過真的像神一樣、無論遇到什麼事都不會生氣、心胸寬大的聖人。」我想表達的是這個。

相反的，**自我要求越是嚴格，心理的壓力就越大，越是壓抑情感、越想當個聖人，實際上就會越不快樂**。我跟那些人稱「當地名流」、一年能夠風風光光賺到一百億、三百億日圓的地方知名企業家一起吃飯的時候，幾乎都會聽到像這樣的話：

「吉川啊，我好羨慕你喔，我也好想像你一樣。要是我也可以跟你一樣做自己想做的事，該有多好啊。」

因為他們都用「必須當個了不起的企業領導人」這樣的自我要求在折磨著自己。

幸福的兩個指標：「自我實現」和「自我肯定」

追尋幸福的「真理」時，我還發現了一件事。那就是，幸福的指標（大方向）有以下兩種。

第一種，是自我實現的指標。說白一點就是為了「成為理想中的自己」、為了得到成果而努力。也就是我前面所提到的企業家或運動員等大多數人所謂的「幸福」。

接著，第二種是認可自己真實的樣子、喜歡自己、告訴自己「做自己就可以了」，這種自我肯定的指標。

我會寫出這本撿垃圾的書，並不是為了要跟各位說「一起來透過撿垃圾達成自我實現吧」。

自我實現，是將理想高高掛起，然後「不斷地提升自我」的一種方向。當然那也是很棒的。就連我自己，在開始撿垃圾以前，都可以說是一面倒地遵循這個指標活著的也不為過。不得不承認，我一直到四十二歲為止，目標都還是當一個「傳奇的企業家」。但這個目標同時也讓我的生活變得很難過。如同我前面所述，這樣很容易就會設下嚴酷的自我要求、把自己困住。

我想告訴大家的是：

「我們一起來撿垃圾，讓生活變得幸福快樂吧！」

就是這樣。這也是這本書貫串全局的主題。

成功的企業家和運動員想告訴大家的則是：「要得到幸福，就要達成自我實現。為了做到這一點，就要磨礪自己的心智。那才是優秀的人生態度。」

就是這種感覺。

另一方面，活在金字塔型社會裡感到痛苦、想脫離這一切的人們則會說：「做自己原本的樣子就可以了。沒有什麼目標也沒有關係。因為，我身為我自己就已經很棒了啊。」

簡單來說，前者就是著重於物質社會的成功，可以說是屬於「物質主義（Material）」的生活方式。而後者，則是主要追求精神世界的幸福，可以說是屬於「精神主義（Spiritual）」的生活方式。

物質主義與精神主義各自的陷阱

我作為一個白手起家的企業主，自然是一路在物質主義之中摸爬滾打；但是身為一個幸福專家，同時又十分精通精神主義的道理。以我對於這兩者的深厚理解，我會說，這兩種思想都有各自的陷阱。

物質主義的人容易落入的圈套，**就是容易過於專注地追逐理想，卻忽略了近在身旁的幸福。也就是說常常過度用力地追求目標，卻把享受自己的生活這件事棄如敝屣**，這樣說應該比較容易理解。

另一方面，**精神主義的人容易落入的圈套**，就是一味地鑽研精神世界，容易走**火入魔、對神佛或是精神領袖過於迷信，結果反而對現實生活出現逃避的傾向**。這裡，我所說的精神生活，不是指那種所謂的「超能系」——像是沉迷於 UFO 或是精靈之類無以名狀的虛幻世界，而是一味想著提升日常生活中精神（心理狀態）上的愉悅感、耽溺於享樂生活的情況。

本書中所推薦的撿垃圾行為，對於過度追求物質主義的人來說，可以視為一個重新發現腳邊幸福的契機。而對於過度沉迷精神世界的人而言，便是一個讓自己重新回到現實、Grounding 的行為。這裡所說的 Grounding，指的是靠自己的雙手雙腳打造出自己所想要的現實。雖然大家常說「有志者事竟成」，但事實是，假如光有意志而不行動，是無法改變任何事的。

連結物質生活與精神生活的，就是「撿垃圾」

我是一個在物質世界和精神世界都頗有所成的全方位角色。

PRIMAVERA 有一位名叫松田幸之助的經營幹部，他是一個很喜歡自我啟發的人。以前，他總是有樣學樣地效法我，還被大家稱為「仿田先生」，但自從我迷上了撿垃圾，他說了句：「就只有撿垃圾這個習慣……我實在沒辦法。要我像吉川先生那樣撿垃圾，我真的做不到啊。」然後就離我而去了。真是個非常明智的決定呢。

他是個熱愛自我啟發的狂熱分子，據說有在參加名人的線上分享會之類的活動。不過最近，他繞了一大圈才發現「到頭來，吉川先生才是最拿捏得當的人」，「吉川先生，我請你吃個飯吧，可不可以邊喝酒邊把你的見解跟思維模式傳授給我呢？」最後又跑回來對我這麼說。或許他也是過度地追求物質生活，這下才總算發現自己一直忽略精神層面（享受生活）這件事了吧。

物質生活也很重要，當然精神生活也很重要。那麼可以把這兩者連結在一起的是什麼呢？我個人認為，那就是撿垃圾。撿垃圾這件事，不論是誰都能做得到的、是一種非常簡單的事情，而且它可以讓前述的兩者取得平衡。

市面上的書要不是談追求成功的自我實現，就是強調精神層面，很容易傾向於某一邊，**而我就是希望同時從企業經營者和懂生活的人這兩個視角，試著中立地聊一聊保持心情愉快的生活方式**，所以出版了這本以撿垃圾為主題的書。不論是我身為企業經營者的心情，還是作為一個認真生活的人的日常行動，全都會在本書中赤裸裸、不浮誇地傳達出來（只有在寫到關於太太的事情時，可能多少會有一點加油添醋的成分，那是因為我求生慾很強的關係）。

希望藉著這兩個幸福的指標、以及我的拾荒經歷，可以帶給大家幸福。我會和各位分享我的各種思維觀點、生活態度以及習慣。假如透過這些觀點、思考方式、以及撿垃圾等其他的習慣，能夠讓各位讀者得到超級愉快又幸福的人生，即便是小小的變化也好，都是我的榮幸。

「No Gomihiroi, No Comfortable Life.」　吉川充秀

撿垃圾，

或許會為你的生活增添魔法喔♪

第 1 章

我之所以會開始撿垃圾

就算是企業經營者，也可以過無壓力的生活

有一次，我受邀參加一場專為企業領導人舉辦的演講，要討論跟幸福有關的話題，現場沒有人知道我是誰。主辦單位是我的一個朋友，他跟我說：「吉川，你不管聊什麼都有辦法聊得很有趣，所以你就講自己想講的就可以了喔。」我就順著他的好意，決定不講我平時老生常談的主題「系統化經營」，轉而開始聊起了以撿垃圾為主軸的幸福話題。

如果要談我的經營管理實戰經驗，其實是非常豐富的。但是，聽眾可是滿坑滿谷的企業經營者，「讓一個中小企業執行長來討論對於幸福的看法，這真的有必要聽嗎……？反正一定又是要發表一些高高在上、自我滿足的言論而已吧。又不是什麼幸福的專家。」大家一定會這樣想的。果不其然，我才正要開始演說，就有許多人已經面露不屑。

假如今天是有名的心理學家、大學教授、或是暢銷作家來演講的話，大家應該就會心悅誠服地好好聽講。這就是所謂的權威性吧。畢竟我在幸福這個方面，充其量也就只有一點點權威的碎片罷了，所以「這種人講的鬼話，根本不用記什麼筆記

吧。」總之當時根本沒有人想理我。

但是，**既然沒有威信，那就得憑證據來取勝了**。我在講座一開頭的自我介紹，就拿出了慶應義塾大學的前野隆司教授所做的「Well-being circle 幸福度量表」，給大家看了我的「幸福度得分」。

約十萬人的受測人數當中，我的幸福感偏差值是七十三。滿分一百分當中拿到了九十二點四分。當時我還沒有提前退休，還是個貨真價實的現任執行長。這個量表當中，普遍日本人拿到最低分的部分都是「壓力」這一項。平均值五十三分。也就是說，**大多數的現代人身上最大的問題就是心裡有壓力。反過來看，也可以表示在按照常理過日子的情況下，大多數的現代人壓力都很大**。

企業經營者，其實就是一種濃縮所有壓力的工作。「為了成為想要的模樣，夾在不會順自己想法發展的客戶和競爭關係之間，然後，同時還要一邊顧慮那些不會照自己意思做事的公司員工，一邊提升業績。」這就是企業經營者的工作，幾乎可以說是只有壓力、沒有別的了吧。

但我的壓力分數卻是「一百分」，也就是無壓力。

我這番開場白一說完，會場裡的氣氛瞬間就變了。「這個男的是何方神聖？」變成這樣的氛圍。

接著，我便開始談起撿垃圾的話題，大家都聽得很開心，有時候還會一邊聽一邊寫筆記。

座談會後的餐敘也非常熱絡，我還被問了很多像是「人生是什麼？」、「金錢是什麼？」之類本質層面的問題。到了最後，甚至還出現了那種喝得太醉、手不規矩地往我褲襠摸過來的企業家（苦笑）。

那麼，我又是怎麼做到「無壓力」的呢？

那就是我的觀點、思考方式、和習慣因為撿垃圾這件事，讓我在這個高壓社會中、在這個充滿壓力的職位上，還可以很神奇地過著幾乎無壓力、超級愜意的生活。一言以蔽之，就像我將會在第2章以後和大家分享的：跳脫常識性的觀點、思考方式，加上一些超乎常理的習慣，就是無壓力生活最重要的要素。

我的Well-Being Circle幸福度量表

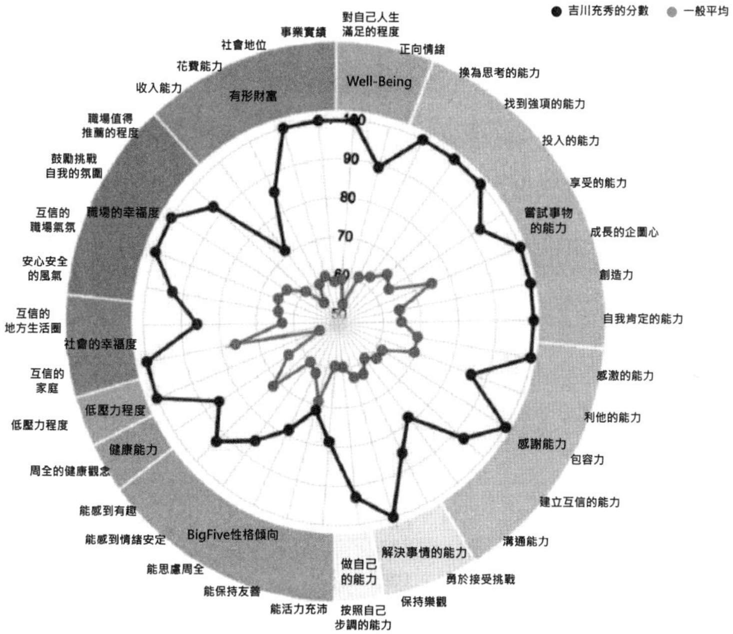

幸福度詳細數據（吉川充秀）

最新: 2021年03月16日（二）17:55　比較: 一般平均

	綜合數值	Well-Being	嘗試能力	感謝能力	解決能力	做自己	BigFive性格傾向	健康能力	低壓程度	社會幸福	職場幸福	有形財產	其他作答
最新數據	73.3	70.1	75.6	68.7	67.1	70.2	62.2	60.7	70.5	65.1	69.7	68.2	-
一般平均	50.0	50.0	50.0	50.0	50.0	50.0	50.0	50.0	50.0	50.0	50.0	50.0	-

↑偏差值

我在「前言」中介紹過的那位PRIMAVERA高階主管松田幸之助先生，說不定也是因為重新發覺到：「這個男人，絕非等閒之輩（是一個怪人的意思）」，所以才回來的吧。

健身與拾荒

現在保持著無壓力狀態的我，在開始撿垃圾以前想法是這樣的……

「自我實現才是真幸福。」、「若不能有所犧牲，必定達成不了大事。」、「做一個善良的人吧！」、「動機至善，私心了無。」

我作為一個幸福的專家，每年都會在我們公司開放內部人員以及外部人士參加的「心動人生～笑容滿面、活力滿點研習營」上大放厥詞。

再加上我本人的生活態度，也是用力端起一副「了不起的董事長、好老闆、完美總裁」的樣子，完全是把自己逼到極限。畢竟在開始撿垃圾之前，我自己的理想形象、想要成為的模樣就是一個「傳奇企業家」。也就是說我想要成為所謂的商業運動員[4]裡面菁英中的菁英。

這樣的我，第一次開始撿垃圾是在二〇一五年。

那段時期，我正邁開成為傳奇企業家的下一步，為了要更徹底地鍛鍊自己，為此我還專程跑到東京的「吉川 method」[5]（我們完全沒有親戚關係）連續上了半年的高強度健身課程。當時的我，把自己的身體改造成一副精瘦堅實的體態，一心向著「傳奇企業家」這個目標加速前進。

這個健身房和 RIZAP[6]一樣，都是私人健身中心，要求學員持續進行高強度的肌肉訓練和嚴格的飲食控制。那邊的健身教主吉川老師是這麼說的：「身體裡有一大半的肌肉都在腿部。因此，只要找到像是等電車之類的零碎時間，就開始做深蹲。這就是提升身體代謝的捷徑。」

實際上，我也真的試著一有空閒時間就練深蹲。但是，相信很多人都無法維持

4 ビジネスアスリート：由商務（ビジネス）與運動員（アスリート）所組成的字，意指像運動員一樣專注於鍛鍊身心的商業人士。
5 吉川メソッド和 RIZAP 都是日本的私人健身中心。
6 吉川メソッド和 RIZAP 都是日本的私人健身中心。

這樣的習慣。

若說到培養習慣，我也是專業的。曾經擁有的知識告訴我：「**同時培養出雙管齊下的習慣，成功率高達四點三倍**」。

於是，我心裡就出現了一個想法，覺得可以試試看「一邊撿起地上的垃圾一邊練深蹲」，便真的開始一邊撿鎮上散落的垃圾、一邊健身。

所以，因為健身和撿垃圾這兩件事是同時執行的，**於是就養成了看見垃圾的時候就鍛鍊的習慣**。

但是，撿垃圾健身法，實在好難（苦笑）。一邊認真深蹲一邊撿垃圾的時候，差不多才撿十個左右的垃圾，就已經覺得非常累了。撿到第二十個，根本就連撿垃圾的念頭都沒了。但我還是繼續嘗試這個習慣，說來神奇，**我發現比起健身，撿垃圾這件事更讓我覺得心情愉快**。

最一開始原本是以健身為主，撿垃圾只是為了讓這個習慣可以持續下去的輔助，但不知道從什麼時候開始，輔助的那邊卻變成了主要的目的。

連腳邊的一個紙屑都不撿的人，成得了什麼事？

當時，我讀了人稱二十世紀最偉大的教育學家——森信三老師的書，當中有這麼一個小節：

「連腳邊的一個紙屑都不撿的人，成得了什麼事？」

我看見這句話，瞬間覺得就是在說我自己，大為震驚。雖然俗話總說「當局者迷」，但是真的看見了腳邊的一個紙屑卻沒有撿起來的人，也確實是在說我沒錯啊。當時，PRIMAVERA在「整齊、精簡、乾淨」這方面的優異程度，也算是企業當中遠近馳名的。所以說，既然目標是成為傳奇企業家，那就應該腳踏實地，從撿拾自己腳邊的垃圾開始做起，回到自己最初的起點。

就這樣不知不覺地，相較於健身，我變得更加著迷於撿垃圾這件事了。剛開始的一年多，我都是徒手去撿，但徒手的話就需要常常彎腰，真的會累。所以，我就上網買了撿垃圾專用的彩色長鐵夾，從此開始了我的撿垃圾生活。

從那時起，我只要出門，走在路上都會隨身帶著垃圾夾和垃圾袋。久而久之，在撿垃圾這片泥沼裡越陷越深了。

讓撿垃圾變成習慣的方法

我是習慣養成的專家，所以我知道幾個秘方可以幫助大家堅持下去。

其中有一點是：「**可以量化的東西就有辦法改善**」。

認真去計算自己在一個月撿垃圾撿了多少天、多少量，就可以培養出「我竟然做得到這種程度」的自信心，便會想要把數量往上提升，接下來就會越做越上癮，開始變成一個循環。

為了強化這個習慣，我還會跟自己以外的別人分享「今天我有撿垃圾；今天沒去撿垃圾」這種事情，如果沒做到的話就要接受處罰，有做到就可以得到獎勵。這樣一來，我就會為了不要讓別人——也就是員工們的心裡產生這樣的想法：「老闆整天在那邊說習慣有多重要之類的大話，結果自己還不是做不到，真是丟臉。」而努力去做到。**這是培養習慣的其中一個技術：「利用他人來管理自己」**。

自我管理是很難持續的。既然如此，那就好好運用別人來幫忙管吧。我們公司有一個稱作「習慣道」的習慣紀錄表，我會把今天是否有撿垃圾的記錄填在上面，把「有做到、沒做到」具體地視覺化。甚至還加上了沒有達成目標就要繳出一萬圓日幣的罰則。

其實當初在撿垃圾，真要說的話，更多是出於一種義務感。

雖然本來是為了想讓心情變好才開始撿垃圾的，但是當時相較之下，更想要「成為一個好人」，接著便開始相信「**撿垃圾是一件好事，做好事就會有好運；而有了好運，公司就可以變得更好**」，那時我是抱持著這樣的信念在撿垃圾的。

撿垃圾充實了我所有步行移動的時間

剛開始拿長鐵夾撿垃圾的那時候，因為覺得撿垃圾會讓心情變好、一方面也認為這是一件對社會有所貢獻的「善舉」，所以也試著邀請自己的家人一起加入。

我幫大女兒和二女兒買了很可愛的兒童專用彩色小鐵夾，開始和她們一起撿垃圾。起初，還在念小學和幼稚園的兩個女兒都撿得很開心。和家人一起撿垃圾的第一天，我跟二女兒兩個人正在附近超市的廚具專區前面撿垃圾的時候，店長稱讚她說：「小妹妹，妳好棒喔。」給了她一罐葡萄口味的芬達汽水。

「撿垃圾就會有好事發生，還會被誇獎。」我想女兒心裡應該是有這種感覺吧。當天和隔天，她似乎都以為會被附近的人誇獎，便繼續跟著我一起撿垃圾。

那麼在這之後，大家猜猜看，孩子們陪我一起撿垃圾撿了幾天呢？

就只有三天，沒想到吧。因為一直沒有得到任何報酬，所以孩子們很快就玩膩了的樣子。

接下來，又沒有人陪我一起撿垃圾了，我就自己一個人繼續撿。

我規劃了東西南北四條從家裡出發去撿垃圾的路線。有一段時間，我每天早上的固定流程就是先挑選一個路線方案，像是今天就決定走北路線之類的，一早會先花差不多一個小時的時間撿垃圾，然後才開始工作。**一大清早，太陽才剛升起的時候就開始撿垃圾的話，可以沐浴在耀眼的晨曦中，有難以言喻的幸福感。**一般白天的時候，就算你在路上撿垃圾，熙來攘往的人們也幾乎不太會跟你說話，但是早上在路上遇到的人通常都比較悠閒，所以撿垃圾這個行為往往也是在早晨時分最容易得到稱讚。

話雖如此，但當時我可是一個兢兢業業的企業領導人。

我可是**給自己定下了**「一個月要工作四百個小時」這樣的要求。而且從二〇〇八年開始，十三年來我都毫不懈怠地如此堅持著。

其中只有一個月，因為父親檢查出末期癌症，為了兼顧照護和喪禮，所以那個月只工作了兩百七十四個小時，但其他每一個月基本上都是每週工作六點五天、一個月四百個小時按表操課的工作行程（不過，像是一些關於經營管理、或是關於幸福這些方面的閱讀和研習活動，也包含在這四百小時之內）。

作為一個企業領導人，其實我幾乎找不出一個完整個時間可以用來撿垃圾，因此我決定所有步行移動的時間都用撿垃圾來填滿。主要就利用零碎的時間來撿垃圾。活用「雙管齊下」的習慣養成法。也就是「進行移動時一邊撿垃圾」。如果找得出一段完整的時間，我會一邊聽經營管理相關主題的 podcast 節目，一邊花上一、兩個鐘頭，專心致志地撿垃圾。

自己經營的公司裡出現了「垃圾話交流時間」

新冠疫情前，PRIMAVERA公司裡自然而然地誕生了一個叫做「垃圾話交流」的活動。

有人說：「執行長平常都會去撿垃圾，那我們這些員工要不要也跟著試試看、一個月左右來當一次撿垃圾志工？」於是，以總公司所在的群馬縣太田市為首，到熊谷市、深谷市等等我們有展店的地區都出現了一些志願者，形成一起撿垃圾的小團體。大家會在上班前三十分鐘左右，先決定要去店面附近還是太田車站之類的地方，然後一起去撿垃圾。以「一邊連絡感情（也就是一邊聊天）一邊開心撿垃圾」為宗旨，讓我們的公司為社會貢獻盡一份心力。

即便這個交流一開始是屬於「聯絡感情」的性質，但PRIMAVERA的員工之中，也有人真的發現了「撿垃圾的本質」，現在大約有八位左右的人員，幾乎每天都會自發性地去撿垃圾。

雖然是沒有那種像我一樣、只要出門就隨身帶著垃圾、隨處撿垃圾的勇者，但是我聽說，似乎有很多員工都開始會在抵達各分店上班之前，先到附近的路上、或是周圍的商家外面繞一圈，把路上的垃圾撿乾淨。能讓大家養成這麼棒的一個習慣，我做為領導人也感到非常驕傲。

而且，我從來沒有強迫要求他們去撿垃圾，一次也沒有。就連在我之後繼任的第二代執行長新井英雄，我也從沒聽說過他有去撿垃圾。

如果要求別人去撿垃圾的話，就是干涉別人的自由了。我身為一個領導人，以前曾經認為「要求員工去做好的事情」是一件善舉。但是，**在撿垃圾的過程中，善惡的二元價值觀其實是會逐漸弱化的**。撿垃圾這種事就是想做就去做；不想做就完全沒有必要去做，這樣不是很好嗎？

好像撿垃圾撿出了一點名氣？

在公司裡，我平常熱衷於撿垃圾這件事是眾所皆知的。因為我每天寫的工作日誌中，總是會出現關於撿垃圾的事情。然後，在附近鄰居的口耳相傳之中，大家多少也都知道我撿垃圾的事。

「群馬縣太田市西本町那一帶，有一個個子很高的男人會在附近走來走去撿垃圾。聽說那個人啊，是吉川家的爸爸喔。」

在自家附近撿垃圾的時候，經常會有女兒的朋友從車子裡「嗨！」地向我打招呼。還有，如果剛好有巡邏中的警車經過，還會有人特地用擴音器跟我說：「辛苦你了！」明明不需要這樣的。我就算是在店家門口或是餐館前面也會把地上的垃圾撿起來，因此偶爾也會有店員對我說：「真是謝謝你。」前陣子，我在一間咖啡廳外面的停車場撿垃圾，有個打工的男大生推門走出來，他看到我在停車場撿垃圾，好像嚇了一跳。接著，他又突然發現，我正好就是他去面試的 PRIMAVERA 公司的董事長，結果更是大吃一驚了。不知道是不是因為我去撿垃圾的原因，他後來順利錄取進入了 PRIMAVERA。

還有一次，我在附近賣炒麵的店家前面撿垃圾的時候，腦海中無意間冒出了「好想跟太田市市長見一面呀」這樣單純的想法，結果，那個有名的清水聖義市長就突然出現在我的眼前：

「你明明還這麼年輕……真是了不起耶～住這附近嗎？每天都會這樣撿垃圾嗎？唉呀呀～真是太難能可貴了！」就被這樣稱讚了一番。後來，我在他的 Twitter 上，看到我撿垃圾的事情被寫成一篇貼文了。我公司的員工數量好歹也有三百四十個（當時的人數），沒想到這麼一個小票倉他竟然不知道。

我的拾荒活動日記，在此公開

我從二〇一五年就開始撿垃圾。一個月以三十天計的話，那我就有二十八點五天都在撿垃圾。每天撿的數量倒是不太一定，有時候一天下來只撿了五個，有時候一天能撿到三千個垃圾。

我的記錄換算成平均值，每天差不多可以撿三百五十個左右的垃圾，而我已經連續撿了八年。

以三百五十個乘以三百六十五天乘以八年來計算的話，就是一百零二萬二千個，也就是說我撿的垃圾已經超過一百萬個了。為此我自封了一個稱號，叫做**百萬拾荒富翁（達成撿了一百萬個垃圾成就的人）**。

我平常會把每一天撿垃圾的日常寫成簡短的日記記錄下來，接下來我想從我的記憶之中抽出幾則在這邊跟大家分享。

【○月○日　星期六】

今天是拍攝每月例行上架的「系統化會員」影片（提供給 PRIMAVERA 付費會員瀏覽的影片）的日子。拍攝的前置作業，需要先用概念圖做出腳本，還要做兩份 PPT 的簡報。我要去附近的咖啡廳完成這些準備工作，往返咖啡廳的六百公尺路程就用來撿垃圾。下午，六歲的小女兒說想要去「群馬兒童王國」玩，所以我就帶著撿垃圾用的鐵夾和迪士尼的垃圾袋，和妻女三人一起前往兒童王國。星期六，停車場裡的很多家庭客都會在下車的時候掉出一些垃圾，所以我就帶著垃圾夾和垃圾袋，在停車場和占地廣大的公園裡面撿垃圾。小孩忙著玩遊樂設施玩得不亦樂乎，老婆忙著拍小孩的照片影片上傳 IG 也拍得不亦樂乎，我則是撿垃圾撿得不亦樂乎。一邊陪小孩玩也是一種「雙管齊下撿垃圾」。撿著撿著太過入迷，不知不覺已經離她們大概三百公尺遠，都不知道什麼時候變成了一趟長征……。一邊撿拾垃圾的同時，眼角餘光看到了玩紙飛機的小孩子，想起「（現在已經國三的）大女兒小時候，也很喜歡玩這種紙飛機呢」突然覺得好懷念。**不經意地把目光拉回腳邊時，發現了一株蒲公英不合時節地盛開著，不禁看得入迷。這種感覺真是說不出的幸福啊♪**

【○月○日　星期四】

今天參加了成功企業參訪團，入住群馬縣前橋市的白井屋旅館。跟兩位同行的PRIMAVERA員工說說笑笑地開心吃過早餐後，動身前往位於另一個旅店的集合地點，路程大約七百公尺，我就拿著垃圾夾和迪士尼的垃圾袋一路撿垃圾。前橋市的人行道上，垃圾還真不少。正好碰上了通勤上班的尖峰時段，看見從車站準備前往公司的上班族們走在路上，其中很多人的表情再怎麼修飾也實在稱不上開心。反觀我，正一邊哼著歌，一邊舞著垃圾夾，大步流星地在人行道上撿垃圾。沿途經過一個Times的停車場，看到裡面幾乎是一座滿溢出來的垃圾山……。我一心想著要把我的垃圾袋裝到不能再裝為止，旁若無人地撿。結果有一個在公車站等車的熟齡女性對著正在撿垃圾的我爆出一串浮誇的盛讚：「唉喲，你真是了不起，這條路這麼多人在走，也沒看過有誰會把垃圾撿起來的。就只有你一個人這麼做呀！」**撿垃圾的時候發生的對話，對象是最素昧平生的人、也是最意想不到的緣分，更是至高無上的快樂♪**換作是平常的話，我會很開心地繼續跟她聊上一段時間，但是因為要配合行程的集合時間，於是便只是耍帥地笑笑，說：「沒有啦，這是我的興趣。我每天都這樣邊走邊撿喔。」便道別離去了。集合地點的酒店入口處有個垃圾桶，我把袋子裡塞得滿滿的垃圾丟進去。太感謝了。

顧問公司船井綜合研究所的大人物，三浦康志先生，從旅店用早餐的餐廳裡看見了在窗外撿垃圾的我，後來在參訪行程的巴士上，直接當著眾人的面稱讚我。觀察敏銳的人果然是會觀察到呢。

【〇月〇日　星期三】

今天要去參訪足以登上寒武紀宮殿[7]、位在琦玉的「很厲害」的公司，從太田站→熊谷站→森林公園站，一路都是搭公車。我從自己家裡到太田車站則是騎腳踏車，到了車站前的圓環就拿出鐵夾來撿垃圾。不論在什麼時間點去到太田車站，地上永遠都散落著許多垃圾，值得一撿。搭公車抵達熊谷站之後，轉車的等待時間要二十三分鐘。所以，我就決定利用這段零碎的時間，在熊谷站南側出口的圓環撿垃圾。這裡比太田站乾淨多了。我心想，會不會是有人平常也來這邊撿垃圾呢？想到

7 日経スペシャル　カンブリア宮殿～村上龍の経済トークライブ：東京電視台聯播網、日經CNBC播出的脫口秀兼紀錄片節目，由村上龍主持，日本經濟新聞社冠名贊助播出。常邀請知名企業家等成功人士作為節目來賓。

這裡就不禁會心一笑。接著來到了森林公園站，同樣也把附近的垃圾撿一撿。這邊的垃圾也很多，在今天的三個車站之中僅次於太田站。我撿起了一個可愛的星星髮圈，偷偷塞進口袋（笑）。送給我家小女兒，她會不會喜歡呢？想到這裡，又笑了一下。**等電車或是公車的時間，就是最適合拿來撿垃圾的零碎時間。在撿垃圾的過程中，腦海中閃過許多關於經營管理的巧思，**我全部都用手機錄音存到 EVERNOTE 裡面，一共記下了十五個靈感。

【○月○日　星期六】

我們公司是群馬縣太田市籃球代表隊 CRANE THUNDERS 的贊助廠商，因此開幕賽的時候全家都被邀請去觀賽。有許多美食餐車來到太田市的運動公園擺攤，還搭了一些舞台，非常熱鬧。人群聚集的地方地上就會有垃圾，而我就會拿著垃圾夾來撿。孩子們跟朋友一起逛美食攤位逛得很開心，妻子則是拍了一堆啦啦隊的影片、還有孩子們的照片上傳 IG，忙得不得了。而我就自己一個人撿垃圾。籃球隊隊員和那些站在舞台上、在眾人面前發光發熱的人都很棒；**在別人看不到的地方默默撿垃圾的人也很棒，我在心裡誇了誇我自己。**

拿著垃圾夾，撿遍全日本

撿垃圾的時候，有時會被問說：「你每天都這樣拿著鐵夾到處走嗎？」我便會回答：「沒錯。」在家附近走動的時候，我都是帶著垃圾夾和好看又堅固耐用的袋子走在路上的。我的彩色鐵夾也是很時髦的黃綠色。

而且，我現在愛用的這把第四代垃圾夾，是 PRIMAVERA 的職員在忘年會的時候送給我的，是世上獨一無二、非常珍貴的寶物。上面的「M.YOSHIKAWA」字樣，是我超喜歡的一個員工：吉池大輔先生，專程為了我用心刻上去的。順帶一提，我人生中收過最開心的禮物，第一名就是這把垃圾夾。第二名是太太送我的，撿垃圾專用的超市塑膠袋五十個大禮包。

開始撿垃圾之後，如果需要搭電車，**我就會把這把垃圾夾插在後背包的口袋裡。這樣一來，我揹著後背包的身影、加上那把垃圾夾，看起來就好像古時候武士配著刀劍的樣子，總覺得有那麼一點帥氣呢**（笑）。所以我之前還曾經開玩笑說自己是「拾荒武士」，沒想到上 YouTube 一看，卻發現有一位「真正的拾荒武士」，他在網路上分享了好多帥氣的撿垃圾招式影片。看來我只是個「冒牌拾荒武士」啊。

移動的時候，撿垃圾用的鐵夾就插在後背包裡

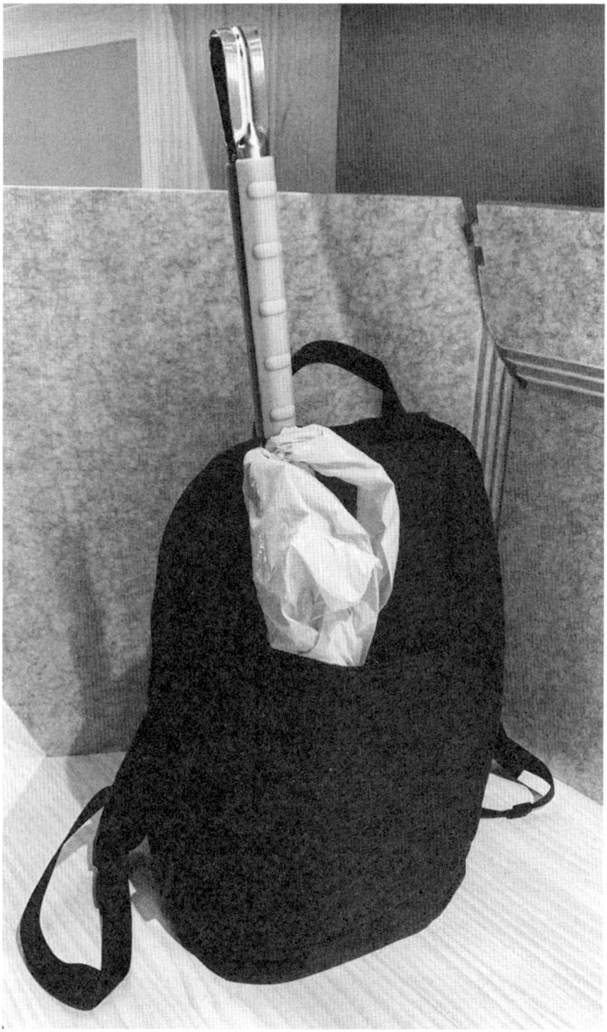

太太送的父親節禮物是撿垃圾專用的
超市塑膠袋50個大禮包

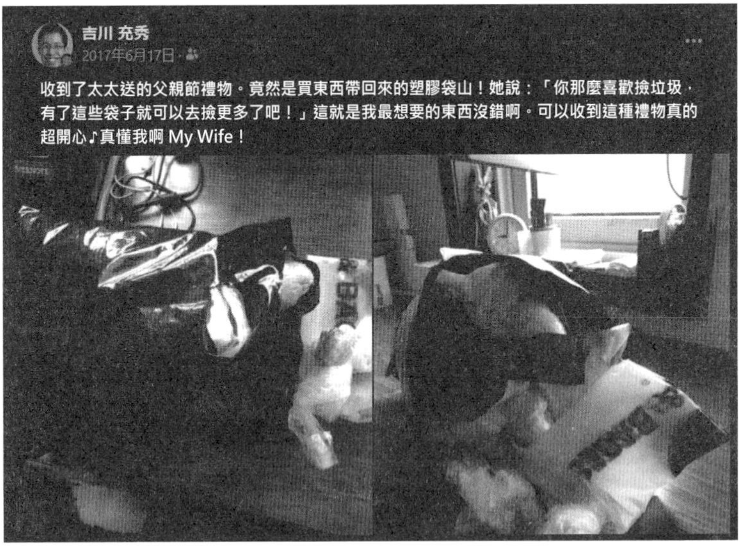
吉川 充秀
2017年6月17日
收到了太太送的父親節禮物。竟然是買東西帶回來的塑膠袋山！她說：「你那麼喜歡撿垃圾，
有了這些袋子就可以去撿更多了吧！」這就是我最想要的東西沒錯啊。可以收到這種禮物真的
超開心♪真懂我啊 My Wife！

平時走在路上的時候，我手上都是拿著垃圾夾和垃圾袋的。抵達了目的地之後，假如是餐飲店，我就會把垃圾夾和垃圾袋放到桌子底下，享用餐點和咖啡。如果是牙醫之類，有衛生方面考量、可能會被人規勸的地方，我就會把垃圾夾插在傘桶裡面暫放一下。

收到了太太送的父親節禮物。竟然是買東西帶回來的塑膠袋山！她說：「你那麼喜歡撿垃圾，有了這些袋子就可以去撿更多了吧！」這就是我最想要的東西沒錯啊。可以收到這種禮物真的超開心♪真懂我啊 My Wife！

全年無休地帶著垃圾夾在外面走，也是會有幾次差點弄丟的時候。不過神奇的是，它總是會重新回到我的手邊。就好像真的有一個專司撿垃圾的神在守護著我們一樣。八年來，我帶著垃圾夾走遍了國內外數以千計的各個地方，至今都還沒有真的弄丟過一次。

騎腳踏車的時候，我會把垃圾夾的握柄部分插進電動自行車後面置物箱的網眼裡，變成像是腳踏車的尾巴那樣，載著垃圾夾移動。開車出門的時候，車上也是隨時放著垃圾夾和垃圾袋。下了車轉換成步行模式的時候，就會一邊走一邊撿垃圾。

搭飛機的話，我就會帶上短的垃圾夾。因為長的垃圾夾不能視為隨身行李帶進機艙內。短的垃圾夾可以用垃圾袋捲起來，插在後背包裡帶進機艙。

移動的路程中，我基本上都會這樣帶著垃圾夾和垃圾袋，只要一有空閒時間就一直撿垃圾。前陣子，我參加了一個有點奇妙的旅遊團，是以我最喜歡的人氣作家為賣點的「跟著翡翠小太郎一起去沖繩的魔法之旅」。

坐飛機抵達了宮古島機場，旅行團的團員集合點完名之後，就要在機場排隊等候租車。「單純等待」這件事，對於有一點過動傾向的我來說實在很難做到，於是我就拿著垃圾夾和垃圾袋，開始在宮古島機場的周圍撿起了垃圾。結果，在沖繩那霸市經營療癒空間「感謝廣場」的旅遊團主辦人、一位叫做龜甲和子的女性，直接對我怒道：「好好排隊好嗎！」至今為止，我撿垃圾一直都只有得到過稱讚，沒想到竟然會被罵，這還是第一次（笑）。後來在餐敘的時候，我在大家面前把這件事當作一個趣談講了出來，結果不知道是不是出於愧疚，龜甲女士就對我特別好，把我介紹給非常厲害的人、還用一種不可思議的咒文幫我祈福、甚至為我展示海水溫熱療法的奧妙之處。

所以說實際上，撿垃圾這件事，真的會帶來很多的「好事發生」。這當中的原理我會在後面為大家做更詳細的說明。

騎腳踏車移動的時候也在撿垃圾

撿遍全日本才發現的拾荒大驚奇

最北到北海道、最南到沖繩、宮古島，我就這樣拿著垃圾夾行遍全日本。這邊有兩件跟全日本撿垃圾有關、令我大吃一驚的事情想跟大家分享。

第一個，**是乾淨到驚人的第一名。這是我去奈良縣奈良市**的時候發現的。那次我會去當地探訪，主要是應邀去參加一個好友開的公司所舉行的經營計畫發表會。我在奈良車站下了車，西裝筆挺的準備前往會場所在的酒店時，當時我已經下定決心：「好！把一路上看到的垃圾都撿起來吧！」鐵夾也拿在了手裡，沒想到我一直走、一直走，卻是一個垃圾也沒看到。結果，足足走了五百公尺才終於發現了一個菸屁股。奈良車站的垃圾是真的很少，我個人在全國各地超過一百個車站都撿過垃圾，但跟奈良車站比起來根本是不同一個級別。根據我後來聽到一種說法，似乎是因為奈良有很多天理教的信眾，會自發性地幫忙撿垃圾。一想到心地善良的人們撿拾垃圾的舉動，可以讓整個城鎮都變得這麼乾淨，我真的好感動。

另一個讓我大吃一驚的，是新大阪車站。我去日本參加研修課程的時候，提前一天在晚上七點左右抵達了新大阪車站，準備走路前往距離車站八分鐘路程的平價商務旅店住宿。一出車站，我才剛在腦海裡說出「來撿垃圾吧——！」的那個瞬間，就已經被大量的垃圾給嚇住了。我現在說的，是指新冠疫情爆發之前的新大阪車站。道路的兩側散落著數量驚人的垃圾。如果有計時器的話，通常是步行十秒鐘可以撿到一個垃圾，但現在可是每兩秒就有一個。這種時候，就要用長夾使出二連夾、三連夾的密技。儘管如此，卻還是難以減少垃圾的數量，我甚至需要偶爾蹲下來、徒手把垃圾集中再撿起來。理論上從車站徒步只需要八分鐘的旅店，我卻走了超過一個半小時才走到。兩隻還手上拿了三大袋的垃圾，都裝得滿滿的。袋子已經裝不下更多垃圾、我也拿不動了，實在很累，所以半路上我就已經投降放棄了。不過隔天早上，我還是覺得不太甘心，所以又回去向那些剩下的垃圾復仇、把它們統統撿起來，印象中好像有這麼一回事。垃圾很多，其實是一個地方有活力的證明。這對於我們這種愛撿垃圾的「哥級垃」來說可是聖地。當時的新大阪車站就百分之百是一個聖地

撿垃圾是為了什麼？

有些品德高尚的人單純是為了行善而撿垃圾。如果是這些人，看見新大阪車站充斥垃圾的情況，可能就會義憤填膺地覺得：「真不像話！這就是一面反射出現代人心的鏡子。日本社會要是再這樣下去，後果不堪設想！」

而我呢，看到垃圾的時候則是會覺得：「輪到我出場啦！」感到十分愉快♪雖然說，那天在新大阪的垃圾量也真的是有點太多了啦（苦笑）。

我個人並不是想著要為世界、為世人有所貢獻才撿垃圾的。更不會特別去想什麼「要把這座城市變得整潔美麗、讓我們一起創造沒有垃圾的世界吧。」這種事。我撿垃圾的行為，也從來不是帶著評判善惡的基準，覺得「撿垃圾是善舉，亂丟垃圾就是惡行。」

我撿垃圾只為了我自己。我就是很單純地、開開心心、心情很好的在撿垃圾而已。然後，撿垃圾的時候，寶貴的靈感就會從腦中閃過、也會不自覺地哼起歌，還可以真正地放空，以結果來說，我就是為了得到好心情而撿垃圾的。而且同時還有運動到，根本是一石三鳥甚至是十鳥，不，認真算的話大概可以算到九十八鳥呢。

我的預期年薪與實際年薪

接下來，請容我針對我的公司和我自己個人做一些更詳細的介紹。

株式會社PRIMAVERA這間公司，是在我二十四歲的時候創立的。我從自己家鄉的縣立太田高中考進了橫濱國立大學。畢業後，在超市做了一陣子剖魚的工作。在那之後，利用在二手書店打工的經驗自己創業，開了一間叫做利根書店的商店。主要是賣二手漫畫和二手的成人影音，那是一間以男性為主要目標客群、偏新穎、偏明亮的成人商店。

在剛開始運作之初，我從早上十點到半夜兩點的營業時間，都是自己一個人處理所有事情。中間只有傍晚會休兩個小時去吃飯跟小睡休息、拜託父親幫忙顧店。這樣的努力也有所回報，這間便利商店大小的店面才開半年，月銷售額就已經超過了一千萬日圓，成為一間單月營業利潤達五百三十萬日圓的超高獲利店鋪。當這間店拓展到第三間分店的時候，三間店都成了當紅炸子雞，而當年才二十六歲的我，就已經登上了富豪排行榜。我和父親兩個人的年收入各五千萬，也就是說兩個人加起來就成為年收入一億日圓的富商了。當時我們住的小鎮——新田郡尾島町（現太田市）共有一萬五千人，而我們是鎮上納稅額度排名第二高的，意味著我們變成了有錢人。

現在的公司整體來說，獲利比那個時候高了六倍，但我個人的年薪是訂得比當年的一半還低。不論業績再怎麼成長，老闆的年收入在這十四年來一次也沒有調漲過。多出來的部分，一直都是拿來提高員工年收入的。現在在我們公司，不只是正職員工，包括工讀和兼職的人員，全都拿得到三節獎金。只是因為我愛面子，想要裝出一副「好老闆」、「了不起的執行長」的樣子罷了。但是最後的結果，讓我從員工身上贏得了莫大的信任。

在很多人心中，都被灌輸了「兩袖清風就是美德」這種集體意識，所以這種行為會成為一段廣為流傳的佳話。這應該算我管理上的一個小秘訣吧。順帶一提，跟我一樣當到董事長的同行，如果賺到跟敝社相同規模的獲利時，聽說有些人是真的會拿一億日圓的董事報酬的。所以，我會以「**預期年薪一億日圓，實際年薪不到四分之一**」當作是自己作為一個「好老闆」的驕傲。

公司連續十一年刷新最高獲益

拓展到第三間分店之後，我們開始擴大展店，儘管一直以來也經歷過迂迴曲折的私生活以及經營上慘痛的失敗經驗，但是打從創業那時起，銷售額一直都是穩穩地維持正成長，連續二十五年來都在突破增收紀錄。

二〇〇五年開始，因為預估正版光碟的銷售市場（敝社是以影音光碟的販售為主，並非租借）將會越來越小，因此開始加入了二手衣物的買賣。發展出了DONDONDOWN on Wednesday、vector、nikokau・sankometada（買二送衣）等等各有特色的古著店、也有專門收購、販賣貴重金屬和名牌包的Goldies。到了二〇一五年，我開始撿垃圾的時候，也進軍了整骨院的業界。

另一方面，二〇一二年起，我為企業管理人們開了一門關於如何善用EVERNOTE的專題課程，開始了專題講師的工作。打著「協助經營管理」的名號，以全國的中小企業為客群，販售系統化經營的影音課程、擔任顧問，也上架了一些像是日報革命、以及「Online經營計劃書」等軟體進行販售。

直到二〇二二年，旗下包含媒體事業部、二手事業部、整骨院和管理顧問，共有四個事業部、十七種業態、五十一間店鋪在運作，公司員工人數三百九十人。以最近一次結算的結果來說，整個集團——包含總公司和旗下營運單位加起來，營業總規模達到了四十七億日圓。

目前，店鋪營運以群馬縣和琦玉的北部為首，跨足至櫪木、長野、茨城、福島等一共六個縣。尤其是「利根書店」有一個「男人的DVD三三三日圓起」的看板，在群馬縣縣內，已經是眾所周知的知名店家了。在成人影音的銷售市場中具有全日本第二的市占率。在利根書店及購物網站nairu都有販售的咖哩調理包「絕倫咖哩」，甚至受過不少媒體報導。開發這款咖哩跟命名的人其實都是我（笑）。**這個名字也是我在撿垃圾的時候想出來的♪**我們不只經營實體店鋪的銷售，在亞馬遜、Yahoo購物、樂天、以及我們的官網上都可以進行DVD或二手衣物的收購與販賣。

托大家的福，我們的業績最近已經連續十三期實現了增收增益（意思是銷售額和經常利益都維持成長）。

要連續維持十三期的增收增益，說真的並不容易，在三千七百五十九家上市公司之中，也只有十一家能夠擠進這個窄門。而且，我們已經連續十一期刷新了歷史獲利新高。

DVD 銷售，其實是個衰退市場，每年都在逐漸縮小。同業人士都不敢相信，為什麼我們在這個市場衰退的現況下，還能夠如此擴大業績。於是，日本各地、各個不同產業的公司都為了想知道「實現增收增益的經營方法」、為了臨摹敝社的各項經營系統，而來到 PRIMAVERA 的公司觀摩學習。在新冠疫情前，每年七月，我們公司都會包下群馬縣太田市的婚宴會館，舉行經營計畫發表會。很榮幸地，儘管這個活動是付費參加，會收五萬日圓的入場費，但每年還是會有八十間左右的企業前來參與。因為來參加這場發表會，就可以拿到自稱「系統化經營全日本第一」的 PRIMAVERA 的經營計畫書，難怪會有那麼多的老闆不論身在日本的天涯海角也不惜遠道而來。

四十八歲提前退休

接下來，就要說說我自己，創立這間 PRIMAVERA 公司之後，二十四年來擔任執行長兼董事長，在二〇二二年的一月交棒給新井英雄執行長。我現在是名譽董事長，已經是一個四十八歲就「提前退休」的狀態。二〇二三年一月時我已經不再是執行長，今後就打算做為一個創辦人，在幕後為PRIMAVERA的新井英雄執行長建立的體制做一個堅實的後盾。所以我目前的生活，就是一邊思考經營管理、一邊撿垃圾或是研究幸福的真諦，兩邊同時盡心盡力的狀態。

我現在的工作，主要有三項。比如每天都要閱讀PRIMAVERA員工的工作日誌，絞盡腦汁想出一些經營管理上的嶄新發想或是新的方式，然後為現任執行長和PRIMAVERA公司事業部的六位高層提供建議。這是第一個工作。順帶一提，**要擠出新點子，最好的辦法就是撿垃圾！在撿垃圾的時候，比較容易進入一種超然的境界，靈感也更容易「降臨」**。

接下來，我還有開辦一些提供給管理階層參加的專題課程，因此我也會去進行專題講座、做做簡報、寫寫書，這就是我的第二個工作。現正熱賣中的課程總計超過五十部，當中包含一部售價超過十萬日圓的「教你寫出真正提高績效的經營計畫書DVD」以及「EVERNOTE經營管理補習班系列」之類的管理系列課程。

當中最貴的講座課程是「吉川充秀的實踐管理課」，四天的課程，一間公司的報名費含稅要價一百七十六萬日圓。

二〇〇八年開始，我向武藏野株式會社的小山昇董事長拜師學習，目前，全國有七百五十家到小山昇董事長身邊學習的中小企業，而我作為十八位講師當中的一人，負責幫他們審閱經營計畫、從旁協助。這就是我的第三項工作。

外賓來到 PRIMAVERA 時最感到吃驚的事情是？

也有很多公司會來參加 PRIMAVERA 的「現場觀摩會」或是「店長會議視察行程」。截至目前為止已經有超過三百間公司，不遠千里來到這個地處偏遠的群馬縣太田市參訪。舉辦現場觀摩會的時候，大家首先會對 PRIMAVERA 的分店現場作業感到吃驚。我們收到了很多稱讚的話，比方說：「竟然可以做到這種程度的精簡和整齊！」或是「店內工作人員的 SOP 怎麼有辦法這麼完整精確！」等等。隨後，我們會帶大家到店面二樓的辦公室參觀。許多企業的視察，假如是零售業，很多參訪的行程都只會讓大家看賣場的部分，但我們公司，不只是賣場本身、還包括櫃檯內以及後場，全都會讓大家參觀。這也是很多人想來參加的秘訣之一。

接下來，當大家來到公司的辦公室，這時就連電腦裡的東西也全都會讓大家參觀。可以做到如此開放透明的公司，連我自己至今都沒見過多少間。來賓們看了一些電子化的資料或是系統化經營的相關內容之後，又會驚訝一次。再看到我們自己開發的日誌軟體「日報革命」、「Online 經營計劃書」這個專門用來寫經營計劃書的軟體、還有叫做「實行革命」的任務清單軟體，每一個都是專門為了提高現場作業成效而開發營運的，裡面包含了我在管理方面累積出來的所有知識心得。看完這些，大家又會再度大吃一驚。

接著，現場觀摩會結束之後，我們會邀請前來參加的企業經營者或管理幹部一起餐敘會談。大家可以一邊喝酒，一邊討論各種問題、或是暢談管理上的各種經驗，聊個賓主盡歡。餐敘的會場在琦玉縣熊谷站的居酒屋，參與視察的賓客們所搭乘的巴士就停在附近。從停車的地點大約走兩百公尺就會到居酒屋，而這個時候，當時還是執行長的我就颯爽地拿出鐵夾和袋子，一邊撿拾熊谷車站周邊的垃圾，一邊前往餐敘的會場。見到這一幕，來參訪的經營者或幹部們又更吃驚了。

「今天在參觀 PRIMAVERA 的店面的時候就已經嚇了一跳。去到總公司，覺得更吃驚了。可是最令人震驚的，肯定還是執行長吉川先生在那邊撿垃圾的身影。」

很常有人這麼說。

「我可以拍下來嗎？」也常常聽到有人這麼問，有的老闆們甚至還會專程把我在撿垃圾的照片上傳到臉書之類的社群媒體上。

撿垃圾是「凡事徹底」的代表選手

身為經營者，很重要的一個工作就是員工的教育。因此，越是滿腔熱血在經營自己公司的老闆，對員工教育就越認真。越是這樣認真的老闆，也更會去追求自我啟發。所以也有很多老闆是真的很著迷於心理的教育。

撿垃圾這件事，正可以視作一種所謂的「心理教育」、「道德教育」。也有人會跟我說：「吉川先生，你那把垃圾夾是哪裡買的？我也要趕快去買一把。」或像是：「讓你想要開始撿垃圾的契機是什麼？」像這種問題，我已經被問了大概一百多次了。

總而言之，領導人跟教育家們，都超喜歡「撿垃圾」這件事的。他們比別人更加倍地把「撿垃圾（之類對世界有幫助、對人類有貢獻的事）就是行善！」這樣的道德觀深深地刻在腦海裡。

還有一個**「凡事徹底」**的觀念也是十分深植人心。這句話的意思是說：**把一件**

任誰都做得到的平凡小事、徹底做到讓別人看了都覺得不平凡的人，才能成大事。我認為，就是因為這些想法，所以才會有那麼多人在開心的酒會之前，看見我旁若無人、一派自然地開始撿垃圾的時候，發自內心地感佩。

我自己也是當企業家當了這麼多年，**到頭來，如果要說最好的員工教育該怎麼做，那就是老闆先要改變自己。**然後讓員工們看見老闆的改變，用自己的以身作則，去感化員工。員工們都會很認真地觀察「老闆的一舉一動，是否有符合他自己的說過的話」。如果言行不一致，不論老闆發表過多少詞藻華麗的高談闊論，都不會得到員工的信任。**其實作為一個老闆，假如想取要信於員工，撿垃圾也是其中一個非常有效的方法。**

撿垃圾可以改變外在、也可以改變內心

我在「前言」裡曾提到過：一個人要改變，就要先改變「看待事物的觀點、思考方式」，還有就是改變「習慣」。如果換句話說，對事物的觀點、思考方式，其實說白了就是「心」。也就是說，要從心去改變。用心這個字來說明顯得有點模糊

不清，那麼我們先定義出：「**心就是指用什麼角度去看待事物的思維模式**」就會比較好理解了。另外，習慣則是透過連續的行動所形成。這就是「外在」。所以我說，**改變了內心和外在，就可以改變人格**。

那麼，要改變內心或是外在，哪一個比較難呢？我自己也是為了改變自己的心靈，而學習、養成了非常多的習慣。比如說讀書很重要；聽演講也很重要；每天熟讀名言佳句也很重要。但是，要從看待事物的觀點、思考方式這樣的心靈層面去改變，確實是十分困難。

那如果想要更輕鬆地改變自己的心靈，該怎麼做呢？

有一句話叫做：「由形入心」。我在向員工們傳達精簡、整齊的重要性時，為他們講解了這句話。「你看我們如果做到精簡、整齊，把外在的『形』打理好的話，這樣『心』也就不會亂了吧？」我用形和心的概念，向他們解釋精簡整齊的重要性。實際上，就實務教育的場合來說，**比起改變內心，先從外在去改變肯定會更快**。對我們這些已經出社會的人來說，生活本身就是一種實務操練。所以，想要改變內心的話，就從外在的行動開始改變。不過如果只有行動，那也只是一時的過眼雲煙，所以必須要養成習慣。那麼習慣當中最好的又是什麼呢？那就是撿垃圾的習慣。

為什麼撿垃圾足以改變人生？

每年的年尾，我們公司都會舉辦一個叫做「心動人生～笑容滿面、活力滿點研習營」的心靈成長課程。我做為領導人，提升底下付出勞力的員工的年收入、創造一個值得託付的職場，就是我最堅持的目標。我追求的是同時顧及員工們物質和心靈兩方面的幸福。

不過，當員工之中出現了「思維和價值觀」異於常人的人，就會出現「難以感到幸福」的狀況。比方說，我們就曾經遇過那種容易產生受害者心態的人。在心理學上，這是一種最難以感到幸福的典型思維模式（在我們公司內部，會用統一使用Victim Mind這個詞），但我們會向這些傾向受害者心態的人說：「你真的還是那樣認為嗎？」再舉實際的例子告訴他：「也有可能是這樣，或者是那樣……」向他傳達出從「思維和價值觀」這種根本上去改變的必要性。最終的結果是，陸陸續續有好多員工或其他公司的老闆和高層，因為參加了這個研習營而覺得「整個人生都改變了！」甚至有人會告訴我：「要是沒有這個研習課程，就沒有今天的我。」

在這個研習課程當中，會教給大家很多東西，包含最根本的「幸福是什麼」、怎麼變幸福、看待事情的觀點、思考方式和習慣等。談到看待事物的觀點和思考方法，就是告訴大家真誠坦率、正向思考之類的重要性。

談及習慣的話，就會說到關於健康的習慣、整理心緒的習慣、整理環境的習慣這類的話題。

而在所有的習慣當中，至今為止對我的心靈帶來了最巨大影響的，就是撿垃圾的習慣。

撿垃圾這件事，是一個行動上的改變。也就是說，改變了外在的形。如果維持下去的話，就會是習慣上的改變。那麼一來，撿垃圾就可以藉由外在的「形」，讓人轉變成容易保持好心情的思維模式，也就是改變了「心」。

撿垃圾可以達成的功效是說也說不完的。除了這本書所寫的十二個魔法，其實我一共找到了九十八個呢。書中礙於篇幅沒有寫到的部分，我有貼在自己的部落格和其他地方。這邊也先挑出幾個給大家看。

撿垃圾，讓你學會為他人著想。

撿垃圾，讓自己變得更有韌性與毅力。

撿垃圾，讓靈感乍現。

撿垃圾，讓人變得「知足」。

撿垃圾，能夠進入冥想、體會超然境界。

撿垃圾，讓心靈超級富足。

撿垃圾，讓生活變得更簡單。

撿垃圾，為社會盡一份貢獻。

撿垃圾，會被附近的人感謝。

撿垃圾，讓你變得謙虛。

……一共九十八個。

我身為一個習慣養成魔人，一直以來實踐了為數甚多的習慣，但我認為，就只有撿垃圾這個習慣，是可以改變人生的，足以說是最強的習慣（詳細的理由留待後面再談明）。總的來說，撿垃圾，不，養成撿垃圾的習慣，就能為人生帶來正向吸

引力。接著，這種魔法越累積，人生就會變得越快樂、越舒心。撿垃圾最厲害的魔法，就是你只要動手撿垃圾，內心就會得到至高無上的好心情。

這本書的的日文書名是「撿垃圾，也許會為你的生活增添魔法喔♪」為什麼我要在標題加上「也許」這種模稜兩可的副詞呢？那是因為，持續撿垃圾、得到了魔法的人，除了我自己，我也不知道還有誰。這本書並不是針對所有會撿垃圾的人都做過徹底調查才寫出來的。也就是說，實驗數據真的只有我一個人而已（笑）。像我這樣把撿垃圾跟好心情連結在一起、不斷精進、不停研究的恐怕也沒有別人了，所以我沒有其他的研究對象。在這八年以來，我把我想過的所有關於撿垃圾的發現都記在EVERNOTE這個筆記軟體裡，儲存的筆記數量多達幾千個。我把那些筆記整理、編排之後的成果，就是這本書。

當初，出版社向我提議的書名是：「為何撿起垃圾就會帶來成功」，一聽就是能夠變成暢銷書的書名，但被我拒絕了。因為，撿垃圾和經濟層面上的成功，並沒有直接的因果關係。我想對讀者們傳達的是不浮誇、最原原本本的事情，於是最後定下了「也許會為你的生活增添魔法喔♪」這麼一個乍看之下會覺得不太牢靠、似乎只想靠著態度說服人的書名（笑）。

順帶一提，這本書在制定價格的時候還有一段插曲。當我一鼓作氣地寫完原稿時，稿子的份量直接超過了三百頁[8]。「紙材還有其他的材料費用也會增加，所以我想價格可能要稍微提高一點喔。」出版社的總編對我這麼說，於是我便向他提議：「未稅的定價就定在一千六百五十三點一日圓吧。含消費稅乘一點一之後，就會變成一千一百一十八點四一日圓。一千六百五十三點一日圓，調換一下數字的順序就可以念成日語的『撿垃圾』。如果有人問『撿垃圾這種事，我為什麼要去做？』的話，可以回答說：『哎呀哎呀，是好事一件（日語發音近一千一百一十八點四一日圓）呀！』多了一層涵義呢！」（笑）。所以這本書賣得稍微貴了一點，是有這麼一個原委的。

那麼，為什麼會說撿垃圾這件事為「我的生活」增添了魔法呢？

8　此段所寫的價格與頁數皆是描寫本書在日本出版時的情況。

接下來我就會將許多的撿垃圾經驗談、融合前人和我自己所歸納出的幸福人生法則，在後面的內文中一併分享給大家。

歡迎大家一起進入撿垃圾的魔法世界！

撿垃圾，讓你不畏懼別人的眼光♪

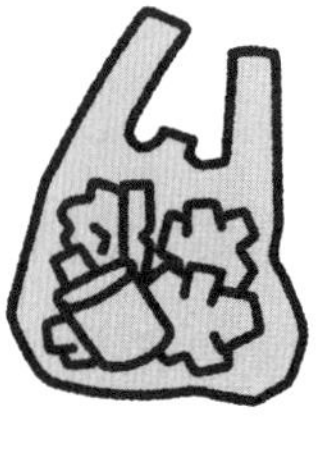

第 2 章

撿垃圾，或許會為你的生活增添魔法喔♪

也曾經被家人說過「很丟臉，別這樣」

我母親住在群馬縣太田車站附近的老家。距離老家沒多遠的地方，有一間唐吉訶德量販店。而唐吉訶德的周遭，就是拾荒愛好者的聖地。地上永遠都有垃圾，那同時也是這間店生意非常興隆的證明吧。不過令人難過的是，也真的看得出來有很多是偷了東西之後隨手扔掉的殘骸。在店家周圍撿垃圾的話，就可以順便去理解這間店的客群和面臨的問題。我也是一介銷售業的領導人，所以在撿垃圾時，就會像這樣一邊猜測：「這間店的停車場是不是沒有安排好定期清掃呢？」試著在心裡想像那間店的狀況。

然後，一旦開始在唐吉訶德外面撿垃圾，就會發現自己根本才是自投羅網。垃圾實在太多，怎麼撿也撿不完，完全看不到終點……。不知道是不是因為直到深夜都會有年輕人三三兩兩地聚集、在旁邊抽菸的關係，我幾乎每次都可以在同一個地方撿到多達七十根的菸蒂。

有一次我在唐吉訶德附近撿垃圾的時候，碰巧遇到了來買東西的母親。母親一開口，先是對我誇獎道：「你竟然在這邊撿垃圾，你這孩子實在是……人也太好了吧。畢竟是我生的嘛（沒必要加上這句）」但她緊接著又說：「可是，你不是公司董事長嗎？撿垃圾這種事情……算我拜託你，就別做了吧。」我便回她：「好啦～！」輕飄飄地當作一陣耳邊風，繼續撿我的垃圾。

說起來，在我大學剛畢業、進入當地超市的鮮魚部門工作那時，也被母親唸了一頓像是：「送你去讀國立大學，結果你去給我賣魚，我不如死了算了。」之類的話。不過我想，要是自己當時選擇了大部分菁英人士所選的道路，和同學一樣去當個銀行員或公務員的話，現在就沒有辦法走出自己這條「脫薪、創業、愛上撿垃圾」、這麼有趣的人生路了吧（笑）。

我自己家的附近，有一條交通流量很大的道路，稱作縣道二號。這條路就是我撿垃圾的主要幹道（笑）。日本有句俗語說：狗走上街，就準備挨棍子，但我說：「吉川走上街，就準備把城鎮變乾淨。」每天帶著垃圾夾和充當垃圾袋的迪士尼樂園塑膠袋，走在縣道二號上撿垃圾，是我每日的功課。

撿垃圾不為別的，只為自己而做

我前面也寫過，在撿垃圾的時候，路過的車子裡時不時會傳出聲音喊我。

「咲蘭的爸爸～～～～」

「愛里的把拔～～～～」

會常態性在太田市內拿著垃圾夾到處走的人，目前就只有我一個，所以即便是從很遠的地方看到也認得出來。另外，我撿垃圾撿了八年，但我太太是除了在自家大門口以外，連一個菸屁股也沒有撿過的人。跟我走在一起時，可能是覺得太難為情了所以做不到，我覺得她大概是為了面子，堅決連夾子也不肯拿。她的想法就是個再正常不過的正常人。但我不想要干涉她的自由，所以也完全不會多說什麼。

有一次，小學三年級的大女兒的兩個朋友，在放學回家的路上遇見了撿垃圾撿得正投入的我，便向我開口道：

「咦，你是吉川爸爸沒錯吧？你在做什麼？」

「撿垃圾啊，我喜歡撿垃圾。」

「你們家住那麼大的房子，竟然還做這種事？」

她們露出一臉不敢置信的表情走掉了。我想，晚點她回到家之後……

「我今天遇到吉川的爸爸，他在撿垃圾。」

「啊啊，他們家的爸爸啊，大家都知道他有點怪怪的嘛。」

大概有很高的機率會出現這樣的對話吧。

我很常被人家說「怪怪的」。實際上應該是被說：**「真的很奇怪」**。我太太則是說「你才不是怪，根本就是有病」。但我自己而言，**不論是被別人說「怪人」，還是被說成「會撿垃圾的很棒的人」，我都無所謂**。雖然說，在剛開始撿垃圾之前的那段時期，我也曾經很在意世人的眼光。

那時候，曾經從太太口中聽到：「哎，我們大女兒啊，好像覺得爸爸在路上撿垃圾讓她很丟臉。她說希望你不要再這樣了，你可不可以收斂一點？」這樣的話。

我反省了一下，然後想說：「那我試著注意一下撿垃圾時穿的服裝好了。」因為，當時我會穿很鮮豔的寶藍色羊毛外套，就算從遠處看也還是非常地顯眼。但我八年來絲毫沒有動搖，始終維持著撿垃圾的習慣。

撿垃圾最終極的目的，就是為了讓自己保持心情好的狀態。撿垃圾的時候，不知不覺間就會進入出神的境界。**會變得不在意他人的目光，進入一段專注於與垃圾對話、以及與自己對話的時間。**

這段時間，是一段無法取代、非常珍貴的時光。大家可以想一想，自己在一天當中，有多少時間是真正靜下心來與自己對話的呢？我自己問過身邊的人，幾乎都沒有這種時刻。撿垃圾，其實就是一段能夠跟自己對話、跟自己內心交流的最佳時間。

透過撿垃圾活出自我

群馬縣太田市有一條有名的紅燈區，叫做南一番街。新冠疫情前甚至被稱做「北關東的歌舞伎町」，到了晚上就有為數眾多的男性蜂擁而至。菸蒂和空啤酒罐等等的垃圾當然滿地都是。

做晚上生意的風俗店，幾乎不太會去清理店面前的垃圾，所以這條風俗大街對於愛撿垃圾的哥級垃來說，也是一個令人按捺不住的聖地。我因為工作的關係，在疫情前也是會跟客戶、企業家夥伴或是公司的員工們來到太田市的夜生活街區喝酒。

那種時候，我也會拿著鐵夾和垃圾袋，用撿垃圾來醒酒。

結果有時候，那些在路上拉客的人就會說：「喂，你是怎麼回事？平常壞事做太多，想要消業障啊？」像這樣戲弄我兩句（笑）。

聽到這種話，也許有些人就會覺得說：「沒錯，撿垃圾這種事看起來就好偽善。」於是一個好好的撿垃圾習慣就這樣被「勸退」了。

但是我自己的話，就會開心地回一句：「對呀♪」然後毫不在意地繼續撿垃圾。把多半是那個拉客的人剛剛抽完的菸頭咚！地一聲丟進迪士尼的垃圾袋裡，瀟灑離去♪

我們很常受到他人的看法影響。所以，**要是沒有穩定好自己的內心，一不小心就會以他人為軸心，老是活在別人眼光下**。

那麼，要怎麼穩定自己的內核呢？當然，改變自己的思考、「看待事物的觀點、思考方式」這些是一定要的，但就如我先前所述，要改變自己，從「形」也就是外在的行動去改變會比較容易。接著，因為習慣是行動的持續，改變了習慣之後，思維就會跟著改變，便能夠找回自己的核心。其實，**養成撿垃圾的習慣，就會變得不**

在乎任何人的眼光，「活出自我」這個最棒的禮物，就是給自己的獎勵喔♪

日語中的「他人軸」這個詞，指的是自己的心靈狀態隨著他人評判而改變的一種生活方式。意思就是說，自己的幸福是源自於他人的。心理狀態會因為被別人誇讚了就覺得幸福，假如被別人批評了，就會感到不幸。這樣一來，人生就會活成一種把幸福當作賭盤的樣子。相對的「自分軸」這個詞，指的就是自己的心理狀態是根據自我評價來決定的生活方式。不去理會別人會說什麼，只要是能讓自己感到快樂、幸福的事情，就按照自己的腳步開心地去做。這樣就可以創造出擁有好狀態的自己。不從他人身上尋找幸福，靠自己「找到絕佳好心情」。這不就是「Be yourself」、活出自己的樣子了嗎？我在「前言」當中所提到的「Be good」，就正是為他人而活的典型。因為那就是一種，想要「做別人眼中善良的事」、「做大眾眼中善良的事」，建立在這種道德觀之上的人生。

關於人類的幸福，有一種有效的思考方式，就是從死亡的時間點往回推算的手法。人死掉的時候最後悔的事情是什麼呢？根據統計，就是「沒能活得像自己」。那麼，就從今天、就從現在開始活出自我吧，讓羅盤朝著自己的樣子前進，會發生什麼事呢？人生就會變得快樂、也能夠重新將幸福的方向盤掌握在自己手裡了。

活出自我所需的最強口頭禪

我的手套是「不對稱手套」，其中一隻是小孩的舊手套，另一隻是撿垃圾時撿到的。其實呢，我也是群馬縣收購量最大的二手衣物公司的創辦人。一年向居住在群馬縣、琦玉縣的人們收購兩百五十萬件的二手衣物。不只是手套，任何衣物都不缺。從要價數十萬日圓的 LV 包包，到將近一百萬日圓的限量球鞋，我們店裡都擺很多在賣。即便如此，我還是戴著孩子不戴的、和另一隻撿來的手套。

太太對我說：「真的很丟臉，拜託你不要戴著那個出現在我的朋友面前！」我的太太果真是個非常以他人目光為基準的正常人啊……但是當我以那副模樣登場的時候，她的主婦朋友們也都是笑笑的。有時候也會有人客套地稱讚說：「很可愛啊♪」或是感到安心地說：「聽說你是當老闆的，我還想說不知道是什麼樣的人物，沒想到……」這兩隻「不對稱」的手套，目前為止，是全世界我最心愛的東西。在我心中，最喜歡的手套們被太太說「丟人現眼」，也曾經覺得被冒犯到、不禁想為手套們發聲辯護，有過這樣想抗爭的念頭。但總而言之，這也是為自己而活的一部分。**就算別人看了覺得很丟臉的模樣，只要自己覺得可以那就可以了。反正人生什**

麼的，都是轉瞬即逝的（笑）。

要是被別人說：「穿成那樣，很丟臉耶！」或是「撿什麼垃圾啊，很丟臉耶！」那就用下述的話回覆他們吧，**用英文的話就是「So what？」，中文的話就是「所以呢？」只要自己的狀態絲毫不起波瀾，對方也就沒有辦法再說什麼了。**我們不要擺出對立的架式，而是用「我就是我」、單純展現自我的態度來說這句話吧。**這就是為了「活出自我」所需要的、我所發現的最強口頭禪。**

我是培養習慣的專家。**要改變心理狀態最簡單的習慣就是從「改變口頭禪」開始。**

我活在世上，並不是為了讓媽媽拿來炫耀而活、也不是為了避免被大家說成怪人而活、也不是為了大女兒青春期過剩的自我意識而活、也不是為了被冷嘲熱諷而活、也不是為了妻子的體面而活，都不是。

很單純地，我就只為了讓自己的心靈維持最佳狀態而活。而且，只要自己處在絕佳狀態，就完全不會想要去對周遭的人使壞、或是干涉別人。最終的結果就是可以為周遭的人帶來幸福。

也就是說，**可以學會在顧好自己的同時、也尊重別人的人生。**不停地在意別人的目光、殺死了自我然後繼續活在世上批判別人的存在、最後後悔地死去，這樣的人生；和活出自我、狀態絕佳、尊重且不干涉別人，活得像自己的人生，假如讓大家來做選擇，會選哪一個呢？

養成撿垃圾的習慣，可以活出自我、可以狀態絕佳，可以變得尊重他人，這些都有可能發生。要不要試著賭一賭這些可能性呢？

撿垃圾，
讓你學會不挑三揀四♪

撿垃圾，讓人「淨化心靈」

一般來說，都會覺得垃圾就是很髒的東西。新冠疫情出現後，這個觀念變得更強烈了。我家附近，有一間學研出版社的課外班教室，疫情剛開始的時候，有一次我帶著二女兒一路撿垃圾，送她到教室去上課。女兒碰巧在路邊撿到了一個口罩。

一進到教室，原本以為會被誇獎，問老師說：「我剛剛在路上撿了一些垃圾，可以幫我丟一下嗎？」結果，老師劈頭就是一句：「我知道妳是在做好事，但下次請妳不要再帶進來了。」老師的心情，我完全能夠理解。

「那個口罩上，搞不好有沾到新冠病毒……」這個時期，全國上下都在害怕新冠病毒的恐怖，確實大部分人都會這麼想。

「小孩子這樣做好事已經很不簡單了，你身為一個教育者，講這是什麼話啊？」就算我想跟他講這種大道理，也實在說不出口了。

不過就連我自己，在新冠病毒的真面目還未明朗的時期，也會下意識地覺得「撿口罩好像有那麼一點可怕」。當然現在已經是會毫不在意地撿起來了。口罩這種東西，到現在也還是令人覺得嫌惡，很少人會去撿，但我就會這麼想：「輪到我出馬的大好時機！」然後開開心心地去把它撿起來。前幾天，我在一個半徑七公尺的路口，發現地上就只有口罩沒有被人掃走，留了四個在地上，真的是很被人討厭的垃圾。不過，口罩在眾多垃圾之中算是比較大的物件，算是一種「大魚」，相較於菸蒂之類的東西來說，撿起來更有成就感。

這裡，我的想法是：把這個**「第一眼就覺得髒的東西」撿起來，我的心就變乾淨了**。

心變乾淨了這樣的說法，聽起來很難懂，那我們把它拆解一下也就是說，把第一眼就覺得髒的東西撿起來，會覺得「自己好棒！」，提升了自我肯定感，變得更喜歡自己。覺得自己做了好事，心情也變得輕鬆，回到最佳狀態。這就是我說的，淨化心靈的原理。

淨化心靈，也就是讓心情乾淨清爽、輕鬆愉快，也就是最佳狀態的意思。所以事實上，心情輕鬆的狀態，是可以藉由撿垃圾創造出來的。

骯髒的事物，看起來也變得沒那麼髒了

我的日常生活，總是愉快地與那些一眼就覺得很髒的垃圾們為伍，所以漸漸地，就算看到髒東西，也不會特別覺得髒了。我最喜歡的 Mr.Children 有一首百萬名曲叫做：「無名之詩」，當中有一句歌詞寫到：「只不過是有點髒了而已，我還是會把它吃得一乾二淨」，我真的可以感同身受。順戴一提，我最喜歡的東西，就是孩子們的殘羹剩飯，再來就是過期的食物。實際上，這些食物，通常都會被當作是「廚餘」對吧？本來就是該被丟掉的東西。而我，卻把它拿來享用，化作我的生命，這感覺就好像是一片一直找不到地方拼上的拼圖，突然就找到了吻合的位置、緊密貼合，那麼地 Happy。

小女兒一、兩歲左右那個時期，我正好熱衷於不吃東西或吃很少東西的實驗，因此我太太做菜基本上都不做我的份，老三的剩飯就是我的主食。

當時，身為經營者的我每天都過得很忙碌，覺得不應該把能量浪費在消化上、只想專注於在工作上花費精力，因此很享受少食、不食的生活。

但一歲小孩的剩食，實在還是有點太超過了。稀飯都被攪得黏糊糊的、可樂餅整個都被捏爛，不僅如此，上面還混著一些胡蘿蔔汁，餐桌基本上就是理化實驗室。反正，端上眼前的這組「胡蘿蔔汁可樂餅稀飯」套餐，就是專程為我準備的剩飯。

我當時就是吃著這樣的食物過來的。雖然再怎麼說也是自己孩子吃剩的東西，但真的是絕對稱不上美味啊。

掉在地上的食物，是上天給的禮物

撿垃圾時，有時候會撿到一些還包著包裝紙的餅乾或是糖果。就像前幾天我在撿垃圾的時候，突然覺得：「嘴好饞啊，好想嚼個口香糖喔。」結果眼前就突然出現了一條包在鋁箔紙裡的口香糖掉在地上。

就我個人而言，只要是還沒有開封過的東西，我就會很開心地拿來享用。把那條口香糖拆開來才發現，是我最喜歡的Clorets經典薄荷口味耶！

有一次我在新幹線的頭等車廂裡，心裡正想著「好想吃點甜的喔」，就馬上在頭等車廂的洗手間裡撿到一個「AWATAMA」牌的未開封糖果，我當然是把它撿起來吃掉了，好好吃。

還有一次因為工作的關係去到千葉縣的銚子市，當時我租了台自行車騎到一個叫「地球圓觀丘展望館」的景點去眺望太平洋。當時我滿身大汗，覺得有點累，心裡一邊想著「好想來點甜的東西啊。」一邊在展望館的附近開始撿垃圾，結果就在洗手間撿到一個未開封的橘子口味糖果，我覺得這就是命運的安排，便拿來享用了。糖果的甜味蔓延到我疲憊的身體每一個角落，整個人沉浸在舒暢的感受之中，讓我可以維持超棒的狀態繼續完成我的單車之旅♪

一般來說，大概有99%的人都會這麼覺得吧：「那種掉在地上的東西就別去吃了吧。」而我個人的話，假如是未開封的，我就會很開心地吃掉。況且，自己決定花錢買的食物，跟上天安排、送給我的食物比起來，喜悅的程度足足差了快要一百倍呢。用錢買來的食物，吃了會感到滿足。雖然會感到滿足，但也就差不多那樣，不會有什麼感動之處。但是，出乎意料從天而降的禮物，就很教人很感動了。

如果可以的話，各位要不要試著鼓起勇氣、把撿垃圾時撿起的東西當成「只不過是有點髒了而已」，也拿來吃一次看看呢？畢竟，我們這個時代的人，應該大部分都能從Mr. Children的歌詞裡找到共鳴吧。如果你覺得「不對不對，歌就只是歌而已啦」的話，那有可能是你把理想跟現實拆得太開了。**帶著現實感的生活方式，會讓人覺得很多時刻都只是過去的延伸，這樣人生中的感動會減少很多。如果一心想變成更好的自己、轉換成理想型的生活方式，那麼就會遇見「琳瑯滿目的意外驚**

喜」，讓自己的人生充滿感動。撿垃圾也能帶來這樣的正向吸引力。

回到原來的話題，當我們能夠把一般來說最令人厭惡的垃圾之類的存在都當作日常的一部分好好看待、對垃圾都可以產生愛的時候，那麼世間所有的一切幾乎就都能為我們所愛了不是嗎？也就是說，內心的包容性就會變得更加廣大了不是嗎？

去使用飯店的大眾溫泉或是超級錢湯[9]的時候，更衣室都會提供梳頭髮用的免洗梳子。我想99％的人大概都會去拿消毒過的新梳子，但我會去把別人用過的梳子拿來用。畢竟它梳過的都是泡過澡、洗過頭、很乾淨的頭髮，所以就算前一個使用的人是個其貌不揚的大叔也一樣，理論上都還是乾淨的才對。有幾次，我去超級錢湯時忘了自己帶浴巾。這時候，大多數人應該都會買一條新的毛巾，但我當時直接把手伸進用過的浴巾回收桶裡，找別人用過的浴巾，最後摸到一條沒那麼濕的，就拿來用了。還有些時候，真的連別人用過的浴巾都找不到的話，我也有拿地上那一塊很多人踩過的踏墊來擦過身體。

雖然乍聽之下是很瘋狂的行為，但我認為，這才是真正地達到一種「人我合一」

9　スーパー銭湯：娛樂取向的大型公共浴場

的境界。人我合一，才能達到圓滿完整。像是撿垃圾這件事，就不會去在意是自己掉下的垃圾、還是別人掉下的垃圾，只是很單純地去把它撿起來而已。

意思是說，維持撿垃圾的習慣，會讓自己與他人的分界線變得淡薄，漸漸達到人我合一的境界。如此一來，便會感覺到自己和他人其實沒有差別、是一種接近圓滿完整的感受。也會變得一點都不在意「這個東西是誰丟的」這種詞句，心境上會轉變成知道那是「我們的垃圾」。撿垃圾，讓人變得心胸寬廣、引領我們航向圓滿完整的世界，這也是撿垃圾對我施展的一種魔法喔。

撿垃圾，讓你開始妄下批判♪

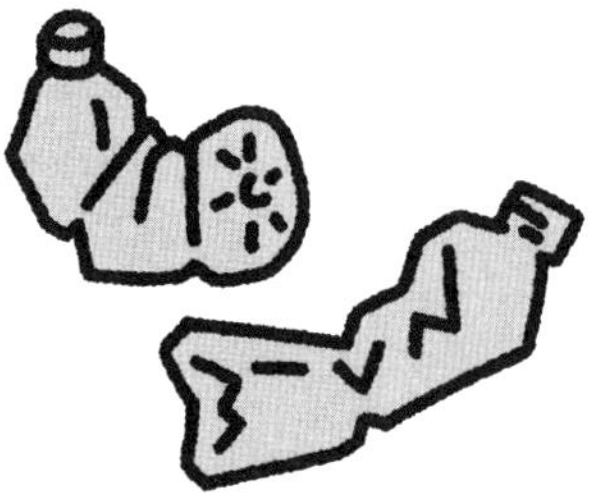

用什麼方式去看待掉在地上的垃圾？

最近撿垃圾開始有點流行起來了。有時候看報紙或新聞，常常都會看到撿垃圾的新聞。讀地方報紙的時候，會看到一些環境整潔大作戰、淨化家園撿垃圾之類的活動；轉到電視的新聞頻道，也常出現一些關於淨灘或是塑膠微粒汙染海洋的話題。不過，這些報導想要傳達的論調多半都是相同的，就是：「垃圾不落地。守護自己的生活環境、也守護地球的生態環境。」我的經驗告訴我，會自願去撿垃圾或是擔任清掃志工的人，多半都是想對世界、對人類有貢獻、道德高尚的人。

但是，大部分自願去當撿垃圾志工的人，都會容易產生：「真是的，怎麼這種地方也有人亂丟垃圾啊！」這樣的憤怒情緒。我自己公司的員工，也有人會自動自發地定期在店鋪周圍或是附近一帶撿垃圾，但是每當我讀到他們的工作日誌時，時不時就會看見像是：「我真沒想到，竟然會有那麼多的菸蒂。那些抽菸的人，心裡難道都沒有一點規矩嗎？」這種站在道德制高點的念頭。

可我的想法不是這樣。有一陣子，我家的大門前連續好幾天都被扔了抽完的菸頭或是食物的包裝紙，幾乎就像我太太說的「根本是在挑釁」的程度。當然，這讓我太太呈現一個超級爆炸氣噗噗的狀態。她會一邊罵著：「到底是誰啦！真是氣死我了！」一邊把垃圾掃掉。

那麼如果換作是我呢？我就會覺得「輪到我登場啦」。然後很單純地、平靜無波地把垃圾撿起來。當然，身為一個企業經營者，也是會不經意地冒出一些想法，像是：「不會吧？我是不是做了什麼得罪人的事？」但是心裡實在毫無頭緒，所以最後我決定開心地這麼想：「我想應該是有人知道我喜歡撿垃圾，為了讓我開心，才特地放在這裡的吧，謝謝你♪」這樣轉念了之後，總覺得甚至連丟垃圾的那個人我都能夠去愛了，真是太神奇了。

不批判，可以讓內心變得沉穩

從二十四歲開始的二十四年以來，我都在競爭社會的最中心、在零售業裡一路摸爬滾打。

執行長的日常工作，就是做決定。每天要面對各式各樣關於經營管理的課題，在深思熟慮地平衡損益得失、善惡觀念和經營理念之後下決策。換句話說，就是負責Judge（評判）。Judge這個詞，一如它的詞意所表述，就是像法官一樣做出判決、按照自己的判斷下決定。對員工進行人事評量[10]、評出ABC的分數、決定獎金或加薪額度、調動出勤的分店地點、決定經營方針、決定售價……銷售業本身，就是一個接著一個的Judge。

那麼，做這種整天都在Judge的工作，不免也會對個人的生活造成一些負面的影響。我自己當老闆，有好一段時間在聽員工報告的時候，總會說出：「你先講結論。」這樣的話。因為這樣才能比較快速地下決定。結果，不知不覺變成在家裡也會如此要求太太。以前，我會在老婆絮絮叨叨、彷彿毫無重點地說著話時，冷淡地回說：「妳的結論是？」或是「所以妳想表達什麼？說重點就好。」草草結束話題。當然，這讓夫妻關係產生了裂痕。太太對我說：「這是我們家，又不是在工作！」又讓她超級爆炸氣噗噗了。

我現在的做法基本上是：在經營管理和工作上會進行評斷，但在個人的日常生活上就不去批判。

10 人事評量：類似台灣公司中的績效考核，由上級評等，並以此為參考決定薪酬或其他福利。

這件事看似簡單，實際上卻非常不容易，不過我還是順利地做到了。因為我一直維持著撿垃圾這個習慣。

撿垃圾的時候，走在路上就會看到垃圾一個接著一個地出現在眼前。基本上不會每看到一個垃圾就要去評斷一次：「這個要撿、這個不撿」。就只會不帶批判、單純自然地把地上的垃圾撿起來而已。其實，只要養成撿垃圾的習慣，就可以連帶培養出「不批判」的習慣呢。那麼，就可以養成一種平時不批判、到了關鍵時刻再下決定的靈活態度。

我自己個人，在私底下、家人之間、以及在公司裡基本都是保持著不批判的狀態。只有在需要我做決策的時刻，才會去下評斷。這樣一來，心理就不會隨時住著一個法官，所以大部分的時間都可以過得平靜祥和。也就是說，心裡的指針就更不容易往壞情緒那邊偏斜。

只要不批判，問題就不是問題

舉例來說，是在我自己家裡，也會遇到許許多多一般大家所說的「問題」。我

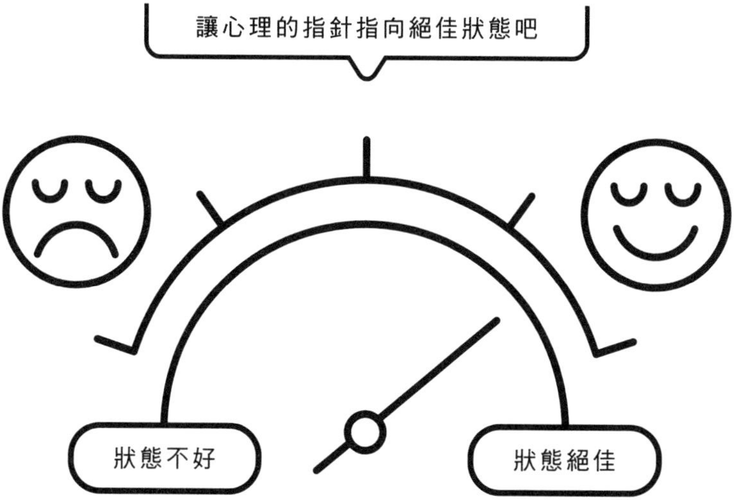
讓心理的指針指向絕佳狀態吧
狀態不好
狀態絕佳

太太有一段時間，非常擔心讀國中的女兒。「她再這樣下去，搞不好之後就不去上學了。」而我的回答是：「那也不錯啊？」

「欸欸，你覺得老二的鋼琴課要不要繼續上比較好？」、「應該都可以吧？」

「老二的國中入學考試要怎麼辦？」

「念哪裡都不錯啊？」

想當然耳，我動不動就會被太太罵：「你都沒在為她們著想！」而我會說：「對呀，我就是太散漫了，真是不合格的爸爸～」

不過，比起耗費精力去擔心，搖起一面為女兒好的大旗、當一個惹人嫌的「合格的爸爸」，還是做一個既對女兒的人生沒什麼要求、自然也就不去干涉的「不合格爸爸」，各位覺得哪一邊比較讓人心情愉快呢？

就我而言，如果她問我，我也是會給她一些建議，但並不會要她非照我說的做不可。再怎麼說，女兒和我本來就不是同一個人，那是她自己的人生，我並不會想要去干涉。

同樣地，像是全家一起看電視的時候，太太和三個女兒會為了「這些人裡面誰最帥？誰最醜？」而爭論起來。這又是一種批判。但我也不會去對她們說：「不要比了啦。」反之，也不會想要去淌這趟渾水。當然，要是有人問我的話，我還是會說：「我的菜是橋本愛哦。」藉機表達一下自己。

那麼我們來看看，**時常批判的人掛在嘴上的口頭禪**，會是什麼呢？當中最具有代表性的，就是這兩個：**「蛤？」、「為什麼？」**

在我家的話，基本上充斥著「蛤？為什麼只有我一個人要打掃啊?!（怒）」、「蛤？為什麼我的蛋糕就特別小塊啊?!（怒）」簡直是「蛤？為什麼？」的連擊風暴。如果現在跟我女兒說：「我們一起去撿垃圾吧。」的話，會得到這樣的回答：「蛤？為什麼我非得要我去撿什麼垃圾不可啊？」

反觀每天都在撿垃圾的我，並不會每次一看到垃圾心裡就跑出「蛤？」或者「為什麼是我要去把它撿起來啊？」這樣的疑問，完全不會。所以說，透過撿垃圾這件事，我可以輕易地擺脫「蛤？」跟「為什麼？」

一旦日常生活中的批判減少了，那麼大多數人覺得是「問題」的「問題」，就會漸漸變得不是「問題」了，心靈便會得到安穩。就會明顯地減少自己故意去插足別人人生的情況，因此也比較不會受到他人不愉快的能量影響、導致自己的能量被帶走。

「別人的人生，就是別人的人生。」我們要知道這點，去尊重別人，有意識地避免批判，專注地維持自己的狀態。撿垃圾，或許能讓人慢慢向這樣的心境靠攏，即便只是一步、兩步，也一定可以越來越接近的喔♪

撿垃圾，
讓你減少焦躁的時刻♪

就算陪老婆購物時等很久也不會感到煩躁

我太太非常喜歡逛街購物。以地區型的超市來說，她最喜歡的就是鶴屋和YAOKO這兩間，每次只要去逛就會一次買超多。我作為一個擁有四十八間分店的零售業經營者、也身為一個超市的前店員，有時候會抱著學習的心態陪她一起去。普遍來說，女性買東西的時間都非常久！沒錯吧（笑）。能夠如此沉浸在逛街購物本身的樂趣之中，在某種程度上來說，應該也可以說是一種生活的達人。

那麼我認為，會跟著女性一起來購物、卻又因為購物時間太久而感到煩躁的男性自然也不在少數。

曾經，目標是成為「傳奇企業家」的我，把「全日本最珍惜每個瞬間的男人」當作自己的招牌，不浪費一分一秒地生活著。那時候的我，對老婆和女兒們超長的購物時間真的是無言以對（苦笑）。

但是現在呢，我擁有了一個最棒的興趣，讓我就算需要長時間的等待，也不至於感到煩躁。那就是，撿垃圾。

比方說前幾天，我太太和女兒們，連續逛了YAOKO超市、思夢樂賣場和百元商店Seria，不停地續攤，開心地東買西買、足足逛了一個小時，而我就利用這段時間，心無旁鶩地在寬廣的停車場和路邊的行道樹叢中撿著垃圾，開開心心地撿了一個小時左右。結果在一個小時內撿了兩袋塞得滿滿的大量垃圾。這邊面對一條車流量很大、車速也很快的道路，我想賣場的店員們，應該也是時常注意到這邊的垃圾非常多，但又沒有餘力去撿吧。於是就由我來代替他們享受這種撿垃圾的樂趣囉。

再來，我要告訴大家的是，在超市賣場撿垃圾最棒的就是：找得到垃圾桶。可以直接結束整個撿垃圾的流程，先把撿起來的垃圾分類成可回收跟不可回收、然後不用等到帶回家才能處理。妻小在買東西的時候，我就彷彿搖身一變，成了超市的打工人員，充分地沉浸在撿垃圾的時光之中。

順帶一提，新冠疫情爆發之前，我在超市等太太購物的這段時間裡，雖然沒人拜託我，但我會在店裡做「商品陳列」的工作。看到牛奶區擺放凌亂，就會去把保存期限比較短的牛奶挪到前排，並擺放整齊。然後到魚、肉和熟食區去繞一圈進行陳列整理。其實這個陳列商品的動作，雖然一方面是因為無事可做、打發時間而去做的，但在整理的過程中，便會留意到熱賣的商品、可以觀察到什麼樣的商品銷量比較高。也就是說，對於公司的經營也是很有幫助的（笑）。我身為一個經營者，一向都是在做出行動之前就考量過實質上和精神上兩者的收穫。商品陳列全部完成之後，我才會前往停車場開始撿垃圾，按照這樣的順序，像個小孩子一樣自得其樂地扮家家酒，一下演店員、一下演清潔員，好懷念疫情前的這些回憶啊。

家庭活動時也不會感到煩躁

家庭旅遊的時候，太太和孩子們在休息站或是服務區挑選伴手禮時，就又會開啟一段好長時間的購物。

那時我便會在賣場巡視一圈，確認一下有沒有我身為零售業的老闆可以參考學習的地方。我會先偷偷拍下很棒的賣場照片，然後再走出去外面，拿出鐵夾和塑膠袋開始撿垃圾。服務區的停車場都很大。越是人多熱鬧的休息站和服務區，地上的垃圾就越多。我就曾經在淡路島的服務區一路撿垃圾，回過神來已經像遠洋漁業那樣出航了三百公尺遠，反而變成是我讓妻女們等得很不耐煩。

疫情前，我們家有一項固定行程是在年初的元旦那一天回太太的老家，和親戚們一起吃飯。有經驗的人應該都知道，回到太太的娘家，基本上丈夫就會完全呈現一個鱒男先生[11]的狀態。太太和自己的姊妹、表兄弟們有說有笑，而我則是在一旁跟一些幾乎沒說過話的男性親戚們共享一桌尷尬的氣氛，偶爾戰戰兢兢地伸出筷子往年菜裡夾個一小撮。「好想吃放在桌子另一頭的伊達卷[12]啊……」就算心裡想吃，也沒辦法說出口，整天就這樣默默品味著身為日本男性的深度與層次。

但是在那之後等著我的，就是每年當中最讚的一個例行行程。趕緊告別了娘家的團聚之後，終於等到我可以盡情「展現自我」的時刻。我和家人分開行動後便會一個人前往最近的車站，在腳程約一、兩公里的路上一路撿垃圾，哼著歌走到群馬縣綠市的赤城車站。搭電車回到離自家最近的太田站之後，再繼續從太田站沿路撿一點五公里的垃圾回家。在新年伊始的元旦這天，兩隻手拿了滿滿兩袋的垃圾，一共撿了兩千個垃圾回家～正所謂「一年之計在於元旦撿垃圾」啊。這就是新的一年最好的開始，感覺真是太棒了。

11　マスオさん状態：日本國民漫畫及卡通《海螺小姐》中，海螺小姐的丈夫鱒男，婚後住進海螺小姐家中一同生活，擁有溫和憨厚的老好人形象

12　伊達巻き：日式年節料理當中常見的一道蛋料理，使用雞蛋和魚漿等材料煎烤製成厚蛋卷。

在不感興趣的主題樂園也不會感到煩躁

我最不擅長應付的一項家庭活動，就是去迪士尼樂園和環球影城。我不是討厭這些地方，我喜歡，只是覺得很傷腦筋。這種說法，就是表達樂園整體的氣氛都很令人喜愛，只是不適合我而已——是一種很好用、不會傷害任何人的委婉表達（笑）。當然我太太和孩子們都超愛這種主題樂園。疫情前，爸爸們在迪士尼樂園裡最主要的工作就是在園區大門打開的瞬間開始奔跑，去搶「小熊維尼」的快速通關券，為了有效率地搭到熱門設施而在廣大的園區內一馬當先、爭先恐後地四處奔走。

我個人其實對於人太多的地方感到很頭痛。可是，更讓我困擾的是，要擠破頭、毫無保留地展現出自私自利的態度、跟別人爭個你死我活。加上要搭熱門的設施就要排很久的隊，這也很令人傷腦筋。總而言之，我們都知道待在主題樂園就是**一連串不斷的忍耐，因此心情就會逐漸變得不愉快。其實，會變得不愉快，很多時候就是忍出來的**。然而心情一旦不好，就很容易跟太太起衝突。像是：「這種地方，根本就不適合帶這麼小的小孩子來啊。」或是「我都已經用跑的去幫妳們搶快速通關了，就不要再抱怨我太慢回來了吧！」這樣。之前，主題樂園帶給我的就只有痛苦，沒有別的。

但．是．呢！在我養成了撿垃圾的習慣之後，我的主題樂園之旅瞬間就變得煥然一新。沒有錯！改變就是從我拿著撿垃圾的垃圾夾和垃圾袋進到園區的那一刻開始的！

那些令人頭痛的人群，突然間變成了特地為我遺留下垃圾的一個個嘉賓。就算要跟別人擠破頭、毫無保留地表露私心去爭奪快速通關的資格，也可以透過撿垃圾讓自己馬上冷靜下來。

就連久到不行的遊樂設施排隊時間，也成了讓我一個人溜出來撿園區內垃圾的最棒時光～所以我說，No Gomihiroi, No Disney Life!（不撿垃圾，迪士尼形同虛設）☻

通常，在路邊撿垃圾時，菸蒂的數量絕對是壓倒性地多，但是，在迪士尼樂園、或是迪士尼海洋樂園的時候就不一樣了。百分之百是爆米花。我會用鐵夾把爆米花一個個夾起來，讓樂園恢復乾淨。在樂園內撿垃圾還會被遊客誤認為是園區的工作人員，像我就被問了好幾次「垃圾可以給你嗎？」收下了他們手上的垃圾。雖然平常在路上撿垃圾時偶爾也遇到會有人這麼問就是了。

假如碰巧穿了米色的衣服去到迪士尼的話，更常被誤認成是真正的園區清潔人員，不只是把垃圾交給我、問路，還會遇到有人說：「可以幫我們拍照嗎？」好幾次我都必須停下撿垃圾的動作幫人家拍照。

沒想到一直以來，據說競爭激烈、應徵人數比例高達數十倍到數百倍的迪士尼工作人員體驗，竟然光靠撿垃圾就能輕易實現呢。撿垃圾不僅讓自己心情變得很好，還能順便擔任攝影師、替人指路，總能幫上別人的忙。但是別說沒錢賺了，還得先花七千多塊日幣買一張入園票呢（笑）。

不過原本不開心的迪士尼之旅，已經變成最開心最無敵的迪士尼之旅啦。

撿垃圾可以減少自我中心，豐富自己的心靈♪

舉凡在開園時間前提早好幾分鐘在大門口跟大家爭先恐後、排熱門設施排到天荒地老、為了拿快速通關的票券而東奔西走、找到看遊行的絕佳地點就佔地為王……這些說白了都是**「競爭心態」。只要是競爭，就會有私心。所謂的私心，說得簡單易懂一點就是「希望事情按照自己的意思進行」的心態。日語的寫法，就是寫作「自我」**。如果心中呈現一個自我中心的狀態或者是競爭心態的話，就無法得到平靜。因為心裡隨時都在計算著損益得失，所以就會出現：「明明是我先來的，你憑什麼插隊！」這種話，或是明明看到工作人員努力維持著親切和善的態度服務遊客，卻還是很容易抱怨說：「慢死了啦，是不會快一點喔！」自我中心直接發動。

但是我們再來看看撿垃圾這件事，跟自我中心完全相反。很單純的，就只是把掉在地上的垃圾撿起來而已。光是這樣，幾乎就已經把私心完全屏除、進入一個「把自己交出去」的狀態了。會轉變成和競爭心態相反的、豐饒富足的一種心境。

垃圾這種東西，沒有人會來搶著撿。一邊哼著阿拉丁的「A whole new world」、一邊平靜地把眼前的垃圾撿起來、再朝著下一個垃圾的方向自然而然地前進。如此一來，自身就能夠得到滿足，不費吹灰之力就可以進入幸福愉快的絕佳狀態之中。

我常用高速公路來舉例，假設同一個方向的高速公路上有三個車道，有一輛車在超車道[13]上奔馳、超高速疾駛，這輛車滿心只想著要殺出重圍、第一個到達目的地，所以，他的心不在「當下」。他把心放在了未來。可能他正在想：「要是不快點到現場開會可不行啊！」像這樣一味地擔心還沒發生的、未來的事，就會感到焦慮。也就沒有辦法享受當下了。

另一方面，開在最左側車道、將輔助駕駛系統設定在時速八十公里定速行駛的人，就可以把腳放輕鬆，看看窗外景色或是聊聊天。我覺得，這些人才是真的「享受當下、活在當下」的例子。彷彿在河裡順水推舟那般，在車流中隨波逐流、與世推移。

我到四十二歲為止，都還是把傳奇企業家當作自己的目標，過著汲汲營營的人生，因此對於那些在超車道上飆速疾駛的人，我是非常能夠切身體會他們的心情的。雖然過得非常充實，但如果要問我有沒有好好過生活，我是一點自信也沒有。不管怎麼說，至少在我二女兒還很小的那段時期，我幾乎都沒有什麼陪她一起玩的回憶（苦笑）。後來我開始撿垃圾，才終於學會在左側車道自在行駛的生活方式。這樣

13 追い越し車線：超車專用的超車道，日本一般行駛開的是左側的走行車道。

的人生與其說是最棒，更該說是「最幸福」的。

像我在前言中所寫的，在右側的超車道瘋狂疾馳的人生，其實是物質主義（物質至上主義、金錢至上主義），過於沉浸在重視「效率」的生活方式中。而在左側車道平平順順地定速駕駛、細細咀嚼當下的人生，是一種「享受生活」的概念，也是著重於追求精神層面上的「效果」的生活方式。這樣的生活雖然少了一點刺激，但可以得到輕鬆愜意的滿足感。我個人並沒有否定物質主義的生活方式，那是一種充滿速度、激情與不確定性，卻容易給人充實感和成就感的人生。人生畢竟這麼長，作為一種經驗的累積，去體會一段浸泡在物質主義裡的時期應該也是很不錯的吧。

或者，平時享受著細細品味人生的精神生活，只在偶爾遇到非常重要、「就是現在」的時刻，再華麗地切換成物質主義的模式，這樣也是非常棒的生活方式。我現在基本上是物質層面與精神層面的雙刀流，所以隨時都可以拋下其中一邊。

物質主義的生活方式，其實就是比較重視損益得失和私心的一種生活方式。總是從不足的部分作為出發點去思考，就會很容易形成帶著「缺乏心態、競爭心態」的生活態度。不過，那同時也是很大的動力泉源。從「不滿足於現狀」出發，能夠推動自己成長。

另一方面，品味生活的精神主義，比起自我中心，更懂得去享受那些主動出現在眼前的事物，算是一種「順其自然」的態度。生活中比較會去考量感受上的滿足，所以會呈現一種「心靈富足」的狀態。但是，在這個競爭的社會當中，似乎會顯得人生比較空虛，這也是事實。**比起成長，或許可以說這一派的人更能從「展現自我」當中得到快樂吧。我是推薦大家不論物質主義或是精神主義的生活方式都去體會、去享受看看。重點是只要過得開心，壓力自然就會大大減輕。**

減少了煩躁感，奇蹟一個接著一個來

我有一個非常喜歡的作家，叫做小林正觀。在他提倡的方程式當中，就有一個是**「自我中心（私心）＋順其自然＝100％」**的方程式。

假設自我中心運轉到100％的話，就沒有順其自然的空間。降低了私心的成分，順其自然的程度就會提高。我覺得這個方程式真是說中了人生的真理了。

自我中心，是一種「照自己意思」也就是「達成期待」的心態。雖然都依照期待在過生活，但卻很少感受到超過滿足的時刻。因為這樣的人生，只有在心想事成的時候感到滿足，如果事情沒有依照自己的期待進行，就會感到不滿。一旦少了超乎期待的奇蹟，人生便沒有了感動。

反過來說，**如果把「預設」拿掉，順其自然地生活，那麼人生就只會有「出乎意料」、也就是「超乎預期」了。那麼，人生中發生的所有事情，都是超乎預期的，等同於不停發生的奇蹟。**就像是我在頭等車廂裡撿到的糖果。

撿垃圾，會讓人降低自我中心，弱化私我的概念。減少了自我中心，人生就能夠順其自然，那麼有意義的巧合（Synchronicity）[14]也就這麼出現了。

奇蹟會像偶然般閃耀著翩然降臨。這樣的人生，自然會非常有趣。

「把我要的那個『要』去掉，用我有的『有』來過生活」這樣的人生。雖然不知道是什麼原因，但我很感謝各種非常棒的事情發生在我的人生中。撿垃圾，讓自我中心變少了、煩躁也減少了、狀態變得超好，各種像是被施了魔法一樣的事情都開始在生命中發生。人生可以走到這個狀態，豈不是最棒了嗎。

---

14 Sychronicity：心理學名詞，共時性、同步性，意指內在與外在非因果性的巧合，及其為精神與物質世界帶來的聯繫。

撿垃圾，
讓你練習正向的思考♪

需要的東西，會在你需要它的時候來找你

撿垃圾時，我有時候會想發出「啊喔——」的聲音。比方說，沒發現那是便便就直接夾下去。那種時候，我心裡就會發出「啊喔——」的叫聲。這是我個人常用的一個感嘆詞。大約從二十二歲左右開始，不知道為什麼，突然就想發出「啊喔——」這樣的聲音，從那時起，一旦遇到什麼看似有點負面的事情，我就會做出「啊喔——」這種無法判定為正面或是負面的中性反應。

那麼，在撿垃圾的時候，垃圾夾上沾到便便的話，我會怎麼想呢？我會讓自己想成沾上「狗屎運」了。不過，聞起來臭臭的果然還是有點討厭對吧？所以我會盡量在附近洗一洗。如果附近的地上有積水的話，我就會把鐵夾放在裡面攪一攪，清洗一下。而且撿起來的垃圾當中通常都會有用過的衛生紙或是紙類的垃圾，用那些廢紙把垃圾夾擦一擦就乾淨溜溜了。而且，說起來真不可思議，只要撿垃圾，就會發現自己所需要的東西，會在自己真正需要的時機來到手中。比如說，撿垃圾的途中，垃圾袋裝滿了，心裡想著：「怎麼辦呀，還有很多想撿的垃圾耶……真不湊巧，今天還剛好忘了帶備用的垃圾袋出來……」的時候，通常就有八成的機率會剛好在

路邊撿到塑膠袋。

「塑膠袋先生，你是專程為了我而出現在這裡的嗎?!」像這種時刻，就是出乎意料、令人感動的瞬間！單純被丟在路邊的塑膠袋，本來只是一個垃圾，在此刻確被我賦予了二次利用的新生命，真是非常令人滿足的事情。而且，我又可以繼續撿垃圾了。剩下的那兩成真的找不到塑膠袋的情況，我就會想：「那表示其他的垃圾都不是非撿不可的吧。」然後果斷地放棄。

我在某個嚴寒的冬日裡撿垃圾的時候，天氣實在太冷了，所以我一直流鼻水。當時身上又沒帶衛生紙，即便是我，也不太敢拿掉在地上、別人用過的衛生紙來擤鼻涕。那時候，不知為何心裡突然就閃過了一個念頭：「往家電行這邊走一下試試看吧。」於是我一邊繼續撿垃圾一邊走著，就在電器行停車場的地上撿到了一包沒有開過、很乾淨的袖珍包面紙。多虧了這件可以說奇蹟般的小事，讓我當下得以繼續開開心心地撿垃圾。**「真正需要的東西」**，**一定會在你真正需要它的時間點讓你找到它**。在我幾乎每天撿垃圾的過程中，都會深深地體會到這件事情。我們認為自己需要的東西，其實一樣也不缺，這就是一種正向思考的能力。能夠感受到這一點，也就表示我們擁有了一顆富足的心靈。

培養幸福大腦，正向看待已經發生的事情

我的其中一項工作是經營管理方面的專題講師，所以很常會使用到飯店的會議廳。有一次，我在一個高級飯店的會議廳裡，不小心打翻了一杯放在桌上的咖啡。嚴格來說，是一杯咖啡口味的水啦。因為我不太能喝咖啡因，所以通常都是在兩百毫升的水裡面加二十毫升的咖啡這樣喝。結果我在飯店提供的全白桌巾上把那杯東西給打翻了。於是，主辦單位的一位女員工超快速地衝過來關心道：「您沒事吧？我馬上幫您換起來。」但我立刻就跟她說：「沒有關係，這樣可以聞到咖啡的香味，非常完美。就算等它乾了之後，一定也還能聞到咖啡香吧，那肯定會讓人感到一種說不出的幸福唷。」聽了我這麼說之後，對方苦笑著，用鬼一般的速度把那條偶然被我灑上咖啡香水的桌巾瞬間撤了下來，換上了一條新的。

坐在我旁邊的企業主好友對我說了句：「你還真是到哪裡都能正向思考啊。」不知道他是想表達稱讚還是傻眼。**其實這正是幸福大腦的腦袋結構。幸福就取決於你用什麼角度去看待已經發生的事情。**

還發生過另一件讓我覺得「啊喔——」的事，就是四歲的小孩在特急電車上吃

巧克力，弄得整個桌子上全是巧克力的事件。平時我的包包裡總是放滿了撿垃圾時撿回來的濕紙巾，這個時候卻偏偏不湊巧，我手頭上能用來擦的東西就只有自己的手帕，不得已只能用手帕把它擦乾淨，但擦到一半我就發現：「這樣我今天一整天，包包裡的手帕都會傳出巧克力的香味，我可以聞一整天耶～」這麼一想的同時，心情就變得愉快了起來。於是那天，真的整天都聞得到自己身上散發出來的巧克力香味，度過了幸福的一天。

臭腳丫總裁和大便總裁

因為工作的關係，我也常到稍微高級一點的餐廳吃飯。

有一次，我們公司顧問事業部的VIP客戶專程來到群馬縣太田市拜訪，於是便約在我家附近的高級餐廳聚餐。那間店裡最貴的套餐，每個人要價一萬圓日幣。

我從自己家裡走路到餐廳大約有三百公尺的路程，我就像平常一樣慢悠悠地邊撿垃圾邊走過去。因為時間已經是晚上六點半左右，幾乎看不太出來掉在地上的是什麼東西了，我也沒有多注意，撿了就直接扔進我的「第一代 PINK-latte[15] 垃圾袋」裡（我超喜歡 PINK-latte 的塑膠袋，總共已經換過三代了）。途中經過了一間稻葉園茶品的經銷商，那間店旁邊有一條沒有路燈的巷子，我在巷子裡撿起了一包裝在塑膠袋裡、沉甸甸的垃圾。到了餐廳之後，我就把夾子和垃圾袋放在座位底下的腳邊。一如往常，聚餐的談話還是用撿垃圾來暖場。

「哎呀！真是太了不起了，您平常也都是這樣子在撿垃圾的嗎？執行長帶頭撿垃圾真是太了不起了，我們公司也該向您看齊……」儘管是在物質主義的世界裡，還是會單純因為撿垃圾這個行為就讓別人刮目相看。

接著，正當我們在酒席間相談甚歡的時候，我突然發現了一點異常。「呼嗯……好像有什麼奇怪的味道……」不知道從哪裡傳出了一股帶著酸腐氣息的異味。我心裡非常肯定：「喔喔，這一定是臭腳丫的味道！」我經營的 PRIMAVERA 是一個聚集了許多曾經的繭居族以及宅男的職場。我跟他們吃過那麼多次飯，這個味道我熟悉得很。結論就是，這裡有臭腳丫！於是我去了一趟洗手間，確認一下發出臭味的

---

15 ピンクラテ：日本少女時裝品牌。

是不是自己的腳，但我的腳分明聞不出什麼臭味。這下我知道犯人是誰了。「原來是客戶的腳啊！」雖然知道這樣子非常失禮，但我還是擅自把眼前的總裁、這位優雅脫俗的五十多歲男性斷定為「臭腳丫總裁」了。拜這位「臭腳丫總裁」所賜，美味的一萬日圓懷石料理就這樣被白白糟蹋了（苦笑）。因為在整個吃飯的過程中，隨～時都聞得到那股臭味。

隨後，喝得微醺的大家互相道別，而我也像平時一樣，一邊撿垃圾一邊回到自己家。當我回到自家車庫的「吉川家簡易垃圾處理廠」做分類的時候，注意到那個在稻葉園經銷商旁邊巷子裡撿到的塑膠袋。結果你們知道嗎，這件事簡直是太扯了！從那個塑膠袋飄出來的，就是剛才那股又酸又臭的味道！等我把燈打開看個清楚，才發現那竟然是一個用過的尿布！而且、還是裝著大號的！

「啊喔——」

優雅脫俗的總裁啊，把你當成是「臭腳丫總裁」真是抱歉。原來，我才是真正的「大便總裁」啊……。

後來這一段故事，就變成了我每次演講都非提不可的經典片段。撿垃圾時發生過的趣事並不少，但這一件肯定是傑作中的傑作。

切割事件與詮釋，就能創造自己的現實

就像撿垃圾一樣，如果能用正面的角度去看待第一眼就沒給人好印象的垃圾，那麼到了真正關鍵的時刻，多半也能用正向的觀點去對待。那麼，想要用正面的觀點去看待事物，需要怎麼樣才能做到呢？首先第一點就是，**我們要意識到，已經發生的事情全部都是中性的**。例如有便便黏在垃圾夾上的時候，很多人都會瞬間產生「爛透了！」這樣的負面反應。幾乎是一種脊髓反射。

但是，一旦打從心底認知到事物本身全都是中性的，那就完全不會對於「便便黏在垃圾夾上」這種事情進行反射性的批判。只是發生了一件中性的事件而已。然後，我們可以對那件中性的事件以自己的觀點做出一個解釋。「我從這件事情上，是不是學到了什麼呢？」把事件當作是學了一課，漸漸地也就能夠對事物做出正向的解釋。

「撿垃圾時，偶爾也會沾到便便，那，我下次就不要去夾到便便就好了。這件

事就變成我撿垃圾的一個小竅門了呢。」、「像這種便便故事就可以再寫成一段編進書裡了呀」、「因為沾到便便，所以讓我更深刻地明白撿來的衛生紙垃圾有多可貴。教會了我感謝的真意啊」諸如此類。

讀我的文章讀到現在，也許各位讀者已經發現我很少用「不好的事情」或是「問題」這類的詞語。我的說法會是「乍看之下不太好的事情」、「一開始覺得有問題的事情」，像這樣把自己的解釋和已經發生的事情切割開來。當我們可以很自然地把兩者分開來釐清的時候，就能夠靠自己開創出屬於自己的現實。

意思就是，可以靠自己的力量創造出讓自己無比愉快的世界。

生而為人，最偉大的能力是什麼？

再來要說的是，擁有幸福大腦的人，腦海中其實是「灑花花」[16]的狀態。說到最後，人生究竟是由什麼建構起來的呢？在我針對幸福這件事研究了十二年時，得

16 頭の中お花畑：原文直譯是腦海中像是一片花田，意指充滿異想天開、不切實際或是過於華麗的想法。

出來的結論就是：「人生是由美麗的誤解構築而成的」。也可以說，**人生就是由先入為主的想法所構成**。一切的一切，都是自己先入為主的想法。簡單地說，只要當作自己「很幸福」，那就會很幸福，假如整天想著：「我的眼睛好小，功課也好差，還駝背，根本沒有朋友，連爸媽都討厭我。」那就會真的變得不幸。我要說的是，**想要變得幸福，只要先覺得自己幸福就可以了**。

於是，我發現了一件事。我明白了對於人類來說最偉大的能力是什麼。我認為，那就是「自我克服的能力」。也就是一般所說的「克己心」。像是就算很睏還是撐著把作業寫完、就算提不起勁還是鞭策自己繼續工作。這些事情都很了不起。那麼，只要能夠發揮這種「自我克服的能力」，基本上很多的事情都可以做到變成習慣。只要把事情培養成習慣，不論是在讀書學習的領域還是商務的領域，幾乎在任何地方都能「克敵致勝」。尤其是在商界，這是一個努力比天賦更重要的世界。是一個努力的人比天才更有機會勝出的世界。比起在某個時刻突然想出了天才般的手法來取悅顧客的人，能夠長期地維持顧客滿意度的人，才能在商場上獲得勝利。我在自己的公司也常說：「小事一件都是致勝關鍵」、對於「維持習慣」這件事，我以一般人幾乎會覺得異常的程度、近乎執著地堅持著。而這就是我們公司能夠達成連續十三期增收增益的最大主因。

所以說，這種「自我克服的能力」，是在你想成為「某個人物」的時候發揮作用的，只要你想達到某種成就，它就會讓你發揮出強大的力量。對於「想要達成自我實現的人」來說，自我克服的能力應該可以說是絕對必要的。如果是百分之百認為「所謂的幸福，就是自我實現」的人，更要不斷磨練、精熟這種能力，就可以離所謂的成功越來越近。

克己與自我肯定的指標

但就像我前面說過的，幸福的指標（方向）可以大致分為兩個方向。第一個，就是更加努力達成某事的方向。換個說法就是，**克服自己，成為自己想成為的人，以克己作為指標。而另一個，就是「自己原本的樣子就很棒了喔」的方向。這就是以自我肯定作為指標**。是一種對自己感到滿足，對自身所處的環境感到滿足，去享受它、去活出真實的自己的樣子的方向。

現今的社會，不論是從好的層面、還是不好的層面上來看，都是一個金字塔型的社會。金字塔型的社會，就是比較的社會。在學校要比考試分數或是排名、比學歷，出社會之後，就比年收入、比頭銜、比銷售量跟獲利。上了年紀，就拿身體有多少病痛、多少遺產、兒孫有沒有出人頭地來比，就這樣被比較跟了一輩子。

所以，要在這樣的社會裡得到幸福，其中一個解決方法，就是發揮克己的能力，付出比任何人更多的努力、不斷用盡全力，往金字塔社會的上方爬。拿到高學歷、進入大企業就職、當上高層、爬上業界排行第一……不斷追求著這類的東西。其實，我本人也曾是在這個金字塔型社會當中、在這個業界當中，為了站上金字塔頂端而拚死命橫衝直撞的其中一人。

但是，一個企業家做了二十多年，直到我開始愛上撿垃圾，捫心自問的機會才開始變多了。於是我忽然意識到：「這真的就是我想要的嗎？一生都在工作、把自己的公司變成超厲害的公司、讓自己成為傳奇企業家，這真的就是我該努力的方向嗎？那樣就算是幸福的人生了嗎？忽略了腳邊美麗的小花，沒有認真去愛……我這樣豈不是被自己創造出來的牢籠給緊緊地困住了嗎？」雖然過得很有成就感也很充實，但，還是感覺哪裡不太對。

這一點，其實就是因為「做自己就很好」的這個指標已經失去平衡了。想著要更加努力，這樣的行為，反過來說就是一種持續性的「自我否定」。不甘於現狀，一心想著還要往上、還要爬得更高。

但是，這種事就等同是在沙漠裡追逐海市蜃樓一般，不管跑了多久都不會到達終點。我一路帶領自己的公司成長，到了現在，已經有很多的企業經營者或經營幹部會到敝公司來觀摩學習、也會來聽聽講座。就結果來說，我至今也令數百間的企業感受過挫折，嘗到「PRIMAVERA這間公司太厲害了、吉川充秀這個企業家太厲害了」這樣的敗北感。也不知道聽到多少次別人說：「我認識了PRIMAVERA、認識了吉川老闆之後，真的是對他們系統化的程度感到超級吃驚。坦白說，真的是嚇死了。我們公司完全輸慘了，感覺真是丟臉。」但是當然，我自己也是看過無數次比PRIMAVERA還要更「厲害的公司」，很痛切地嘗過了那種輸的感覺、那種挫折。

以前，聽到別的企業主說出「真是輸給PRIMAVERA了」這樣的一句話，我的優越感就會馬上飄起來。「那還用說、那還用說，這可是我一點一滴親手灌溉、每個月工作四百個小時、好幾年連家庭都不管不顧、拚命奮鬥打造出來的企業啊。」

但遺憾的是，所謂金字塔型的社會，就是不管努力了多久，終究是一山還有一山高。

雖然PRIMAVERA一年的銷售額已經達到四十七億日圓，在地方上也算是小有名氣的店家，但真的要談年銷售額的話，在那些上市企業的眼裡，大概就連「垃圾」也不如吧。雖然作為企業獲利指標的經常利益也超過了10％，擠身高收益企業的行列，但上面還有一大堆我們根本追不上的企業。就算正式員工的平均年收入，在中小企業的零售業當中算是高的，但真的在那些已上市的優良企業看來，根本沒有半分威脅。

目標訂得高也很棒，撿起腳邊的垃圾而滿足也很棒

意思就是說，不論我再怎麼打磨自己的公司，只要仍在金字塔的社會裡，就永遠會有一把「比較」的量尺，讓你在不斷朝著理想努力時，不論最後達成了什麼，仍然只看得到滿滿的「不足」。然後就會為了填補這些不足耗盡一生。但可以肯定的是，那些為了員工而不斷追求企業成長的經營者，他們的努力都是非常崇高而美好的。我自己就打從心底尊敬那樣的企業家，也窮極自己的一生希望活出那樣的人生，甚至曾經想說：「要是能死在員工們的感謝聲中，那就太好了。」

但話說回來，撿垃圾的行為，讓我看見了不一樣的世界。世上既然有追求繁華富麗的「海市蜃樓般的幸福」，那就一定也有「看看你的腳邊，肯定就掉在那裡」這種像是Mr. Children在「無名之詩」裡唱到的、掉在腳邊的幸福。一個最好的例子就是撿垃圾。以前，我也曾經懷抱過這種夢想：像是和平面模特兒交往、或是把公司的總部設在東京的摩天大樓裡。追求這樣的目標、把這些視為動力而努力的自己當然也很棒；但是撿起腳邊的垃圾，卻可以讓人感受到說不出的滿足。這就是我所說的「已經很棒了」的那個指標。我會覺得：「啊，我可以這麼享受撿垃圾的生活，跟垃圾們對話的時候，心裡會感到幸福。那麼這種生活方式也很不錯啊。」

不過就算是現在的我，偶爾也還是會對金字塔社會中的繁華世界感到瞬間的怦然心動。所以說，「努力」的這個方向，我也一樣沒有放棄。要是完全喪失了這個方向的話，那還不如就直接離開經營者或是組織高層的位置。但那麼一來，業績會往下掉，還會使員工們變得不幸福。要是完全滿足於現狀，對於一個企業來說其實就是衰退的開始。因為已經不會再進步了。

要努力也要樂在其中

於是，我得出了一個結論。既然工作是需要追求成果、需要奮鬥的世界；相反地，撿垃圾則是一個讓人不經意哼起歌、享受當下的人生、享受過程的完全不同的世界。那麼這樣看來，難道真的沒有辦法讓「努力奮鬥」和「滿意自己、享受當下」兩者合而為一嗎？這時候我發現的一句話就是「加油吧 Rumba」。

工作當然要拚一點，為了考試讀書也要拚一點。但，如果只是一味地拚，生活就會變成為了換取未來的打算而讓當下只剩忍耐，那樣總有一天會撐不下去，心靈也會崩壞的。所以，把「樂在當下」的感覺融入到輕鬆自在的語尾助詞「Rumba」裡面，像是一邊哼著旋律那樣，試著去享受努力的感覺、享受工作的過程怎麼樣呢？最早開始使用這句「加油吧 Rumba」的，是 PRIMAVERA 的一位職員，名叫島津駿介的工讀生，現已離職。這句話被另一個工讀生，也就是他的同事川田智也寫在了公司的工作日誌上，我看見了這個用詞之後，深深地受到了衝擊。心想：「對嘛！工作就是要用加油吧 Rumba 這樣的心情！」在那之後，我們公司上上下下都會互相鼓勵說：「讓我們在工作上一起加油吧 Rumba ！」變成了共同的口頭禪。於是，就培養出了這種既努力又能樂在其中、非常棒的公司風氣。就成效而言，PRIMAVERA的正職員工離職率每年都差不多落在1％的低點左右。

對於在金字塔型社會中感覺自己「過得很苦」的那些人，我想對他們說：「其實不用過得那麼痛苦也可以的。試著稍微改變一下思考方式試試看。雖然努力是很重要沒錯，但其實只要試著像Rumba的節奏感那樣，去享受當下就好了。可以去享受努力這件事的話，真是再好不過了呢♪」

我會開始意識到這些，正是因為開始了撿垃圾的行動。多虧了這個習慣，我才會替自己這種「在不足之中填坑的爆走企業家人生」踩下了煞車。撿垃圾，可以讓人在面對不管是垃圾、工作、還是其他事情的時候，不會一直想著自己缺了什麼、太過負面而一直想要去填補，或許可以漸漸地就能用正向的眼光去看待一切了喔。

PRIMAVERA的工作日誌系統裡有
加油吧Rumba的貼圖可以使用♪

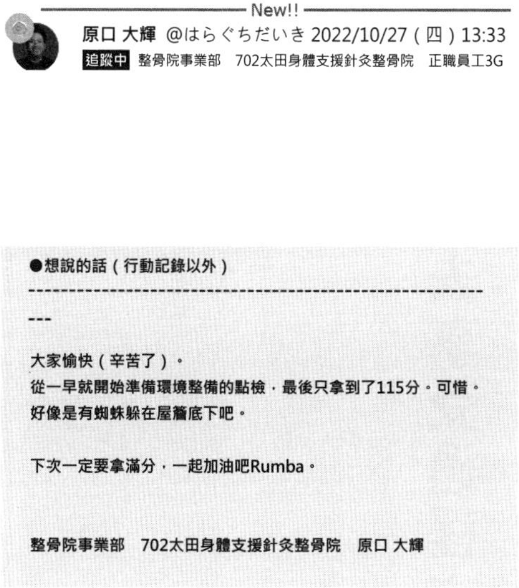
New!!
原口 大輝 @はらぐちだいき 2022/10/27（四）13:33
追蹤中　整骨院事業部　702太田身體支援針灸整骨院　正職員工3G

●想說的話（行動記錄以外）

大家愉快（辛苦了）。
從一早就開始準備環境整備的點檢，最後只拿到了115分。可惜。
好像是有蜘蛛躲在屋簷底下吧。

下次一定要拿滿分，一起加油吧Rumba。

整骨院事業部　702太田身體支援針灸整骨院　原口 大輝

松本 知洋 2022/10/27（四）15:50
加油吧
Rumba!

津久井 豐 2022/10/27（四）18:18
真是♪
辛苦了

根岸 直生 2022/10/28（五）10:49
加油吧
Rumba!

栗田 玲捺 2022/10/28（五）17:17
原來如此

原來如此 2022/10/29（六）12:10
加油吧
Rumba!

撿垃圾，
讓你學著去享受過程♪

「拾荒漫步」是最優質的健康習慣

記得有一段時間，大家很流行邊走邊玩 Pokémon GO。沉醉在 Pokémon GO 的世界中，走路的步數就會增加，達到運動的目的、促進健康。我認為這是一個很棒的「一舉兩得習慣」。不過，**實際上還有一個超棒的習慣可以讓我們不需要靠手機就能得到 Pokémon GO 帶來的好處，那就是撿垃圾**。

我呢，在身為一個熱血執行長的時期，同時也是一個徹頭徹尾的健康魔人。只要聽到有什麼東西對身體好，不論天涯海角我都會去弄到手，並且用自己的身體去親身實驗。我實驗過的食物、飲品簡直不計其數——一聽說哈佛飲食法裡面提到的防彈咖啡很好，我就去嘗試；我很崇拜的堀江貴文先生說含NMN的保健品很好，我也去嘗試；打聽到裸食主義的觀念，我就花了大錢買了一台不會破壞蔬果酵素的低速果汁機，每天打果汁喝。

作為一個健康魔人，眾多的習慣之中當然也包含運動。我聽說每週要做三次有氧運動比較好，於是我就去慢跑、但下雨天沒辦法出門跑，我就買了一台跑步機，用沾水牛皮紙膠帶把電腦固定在跑步機上，每週五天，我會在早上四點半的時候，一邊讀職員們的工作日誌，一邊用時速六點五公里的速度在傾斜五度角的斜坡跑道上揮汗如雨地慢跑。這件事我甚至維持了三年。

「健身這件事，最終鍛鍊的其實是維持的能力。」我在書上讀到了這句話時，就決定去那間我在第一章介紹到的東京吉川 method 私人健身中心，對自己進行肉體改造。結果練出興趣，我還在公司裡打造了一個員工專用的健身房，請來專業的健身教練，連續約兩年、每週進行一到兩次的訓練。

每年，專營研習訓練課程的武藏野公司會舉辦一場撰寫經營企劃書的宿營，參與者會在福島縣新白河的 XIV 飯店內過著五天的山居生活。我身為一個健康魔人，直接用我當時的愛車阿爾法把家裡的飛輪機載到研習的會場，然後放在走廊，每天就像在自己家一樣，五天都堅持繼續騎飛輪。在我身前身後共有七百五十位參與研習的企業家，據說大家都是第一次見到像我這麼鑽牛角尖地追求健康的人。同行的企業主當中，甚至還有人跟我說：「吉川先生你這個人，好像會說出『我可以為了健康而死』這種話耶。」真是令人費解的稱讚啊。

談到身體健康，最終總會回到飲食和運動的方向上。我自己進行過各式各樣的人體實驗，致力於找出最適合自己身體的習慣。我身為一個超級養生狂，若要問我最後找到最終極的飲食方法是什麼，其實答案出奇地簡單。那就是和自己「親愛的身體」去對話，找出真正想吃的東西、找到身體真正需要的食物去攝取。至於運動習慣也是非常簡單，那就是撿垃圾。就這麼簡單。

以我這個人的本性而言，真的是完全做不到單純走路或是單純運動這種事情。我這個人就是非得「一邊做某件事」一邊運動，才有辦法持續下去。這樣的我，也有辦法維持一個八年不間斷的運動習慣，那就是「拾荒漫步」。就是一邊撿垃圾，一邊搭配「散步」這樣的運動。一般在健身或是慢跑的時候，常常會需要努力地「再撐一下」、「激發潛力」、「鞭策自己」但我說的拾荒漫步，既不需要任何的努力，也不需要硬撐。只需要很單純地，輕輕鬆鬆走出門，邊撿垃圾邊散步。然後就是舒適愜意地繼續下去，就只是這樣。這麼做的結果，也能獲得一定的運動量，達到促進健康的目的。

我的愛車是中古的電動菜籃車

這是我到東京去當一個企業管理專題講師時發生的事。當時我要談的主題是「撿垃圾×經營管理」，和大家聊聊撿垃圾對於經營管理有什麼幫助，也準備了簡報。在場沒有人知道我是何許人也，講座開始之前，整個會場一片鴉雀無聲，而主持人當時是這樣向大家介紹我的：

「PRIMAVERA公司的吉川充秀執行長，不僅是一間年銷售額達四十億、經常利益四億日圓的高收益企業的領導人，還以撿垃圾作為畢生的志業。同時，在全日本最多人擁有汽車的群馬縣，他卻放棄了汽車，現在的愛車是電動自行車，而且還是二手的菜籃車……」

會場中極度緊繃的氣氛一下子消失了，傳出了不少笑聲。

於是，接下來我聊了一些撿垃圾的趣事、以及對人生的一點幫助，結果竟然成為了我參與過的幾百場經營管理講座以來，聽眾反應最熱烈的一次講座（笑）。

其實，剛才提到的那台「電動菜籃腳踏車」也是我的健康習慣之中的一環。新冠疫情之後，出門的次數變少，我就把我以前的那台愛車阿爾法脫手、以超便宜的價格低價轉手給自家的員工了。目前的移動方式主要就是走路或騎腳踏車，再來就是大眾運輸工具。假如真的需要用到車的話，要不就是跟太太借車來開，要不就是踩個七分鐘的腳踏車，到租車行去租一台。不過如果是一般的腳踏車，也很容易覺得麻煩、懶得騎，於是就折衷地選擇了電動自行車。我認識的企業家，基本上都是開賓士、BMW 或 LEXUS 這類的。一旦被問到「吉川你的愛車是哪一款呢？」我就會用很浮誇的語氣回答：「中古的國際牌！」而且，我騎的就是我的母親經歷了兩次車禍，最後導致昏迷的那台不吉利的腳踏車。確實一定會有人覺得「它是帶來厄運的自行車」，但對我來說，反而覺得是「救了我母親兩次，是母親的救命恩人」這樣的自行車。根本就只能說是一台有神靈附體的傳奇救世主自行車吧。這當然也是正向思考的一部分囉。

再說，這台自行車上面，附有兩個容量很大的置物籃。後面的籃子上面有網格，可以讓我把撿垃圾用的長鐵夾插進它的網眼裡、帶著到處跑。所以，只要看到一台後置物籃上長著一條鐵夾尾巴的綠色電動菜籃車，一眼就可以認出騎在上面的那個人是我了。沒錯，我騎電動腳踏車的時候，也一邊享受著「微拾荒單車時光」的樂趣。

什麼是微拾荒單車時光？

我最熱中撿垃圾的那個時期，大概是二〇一七年，就想過能不能邊騎腳踏車邊撿垃圾。當時想到的辦法是，在前面的籃子裡裝上一個垃圾袋、單手拿鐵夾、邊騎車邊撿路邊的垃圾這樣的方法。但是，這個方法執行起來實在是太累人了。只要看到地上有垃圾就要停下來，拿鐵夾撿起垃圾之後丟進前面的籃子。在腳踏車右邊的垃圾還算比較好撿，但遇到左邊的垃圾，就要用很勉強的姿勢才撿得到，所以執行上很困難。而且塞在籃子裡的長鐵夾，只要遇到一點小階梯就容易掉下來，如果那天風很大，那麼撿回來的垃圾還會從前面的籃子裡飛起來亂舞，簡直慘得不得了。後來，我試著從腳踏車換成滑板車、還改造了一下，但左側垃圾、還有垃圾袋會被風吹起來的問題還是一樣解決不了，最後我就放棄了。

所以接下來我就發明了這個「微」拾荒單車時光。重點就是「微撿」。騎腳踏車總會遇到紅綠燈。我在停紅綠燈的時候，也很討厭呆呆地等待燈號變換。所以這個時候，我就會把腳踏車的側柱立起來停到旁邊，開始撿路口附近的垃圾。大致上燈號變換平均會需要五十秒的時間，剛剛好。跟平常撿垃圾時的情況完全沒有差別，可以心無旁騖地花五十秒來撿垃圾。有時候垃圾比較多，撿得太入迷以至於沒發現燈號已經變成綠燈，一直等下一個綠燈、下一個綠燈……結果一撿就撿了超過五分鐘，這種情形也是家常便飯。

其實這邊我想說的是，如果要勉強自己、逼自己、犧牲自己去撿垃圾，那是完全沒有任何必要的。撿垃圾的目的是什麼？是為了讓自己心情變好，為了讓自己回到最佳狀態。如果真的覺得很痛苦、壓力很大，那就不要撿垃圾了。舉例來說，下雨天撐著傘的時候，我基本上也不會去撿垃圾。因為左手要拿傘、還要勉強用同一手拿著垃圾袋，然後再用右手拿夾子去撿垃圾，也實在是太過累人了。

我不會把撿垃圾稱為「拾荒道」的原因

撿垃圾的人、清掃地面的人，一般都會給人很偉大的印象。我自己看到了也是會想要低下頭來。而他們多半也會稱自己的行為是「拾荒道」、「掃除道」。透過撿垃圾砥礪心靈、透過掃地來鍛鍊精神，這樣的說法也是廣為人知。不論是柔道、空手道、花道、葉書道[17]、掃除道還是日本道，凡是被加上一個「道」字的，最終想要達到同一個目標都是同一個：「造就偉大的人格」。也就是培養出「精神上的修養」。不過，大家覺得怎麼樣呢？這樣的詞語帶給人什麼樣的能量、什麼樣的情感波動呢？對我來說，實在是太沉重了，會被勾起一股痛苦的情緒。一旦稱之為「拾荒道」，就會忍不住湧出一種雖然覺得偉大卻沉重不已的感情，覺得應該要透過撿垃圾來抑制自己、選擇做該做的事。聽起來就好像是否定了當下的自己，因為一心想成為另一種人，而去依循「道」、去追求「道」的樣子。

在我看來，是一點也不會想要把撿垃圾這件事稱作「拾荒道」。因為我個人認為，**撿垃圾單純就只是一件「為了讓心情輕鬆愉快而做」的事而已**。假如，各位讀者之中，有人讀完了我的書之後出現了這種情形：「雖然試著開始撿垃圾了，可是好像也沒什麼意思啊……」那我建議你可以馬上停止。因為這是關乎到你自己適合或不適合的問題。如果覺得**「心情有變輕鬆、狀態也有變好」的話再去做就可以了，如果沒有，那就不用繼續也沒有關係。**

17 はがき道：藉由寫明信片來提升修養。

我的意思是，我並不是為了修身養性才撿垃圾的，僅僅是希望生活更加愉快才提倡這件事的。只是希望原本無聊地走在路上這件事，可以因為一邊撿垃圾，而讓人感受到更多過程中的樂趣。就算只把等紅燈無聊的時間當作撿垃圾的時機也好，請各位試著像是蒐集遊戲積分那樣、帶著輕鬆的心情去撿一次看看如何呢？

越是了不起的人越容易過得痛苦

我很喜歡渡邊裕之這位演員。有一次，我偶然看到群馬電視台在重播午間連續劇「愛的風暴」。因為我最喜歡的藤谷美紀也有演，所以當時我看得很認真。群馬電視台很常轉播縣議會的錄影，動不動就會延遲到午間劇的播放時間。那部連續劇真的太好看了，我實在是耐不住性子等他慢慢播了。我就上網找到整套劇、把它全部租下來，然後把家裡的家庭劇院鎖上，不讓家裡的任何人進來打擾，看的時候甚至還得拿著一條手帕。藤谷美紀飾演女主角，飾演她父親的則是渡邊裕之，看到他那充滿熟男紳士風範的樣子，讓我更喜歡他了。

有一次到國外參訪，我在紐約認識了一個經營時尚公司的優秀女總裁，當她看到我在紐約也拿著鐵夾撿垃圾時，對我說：「吉川先生，我和渡邊裕之是高爾夫的球友喔，改天介紹你們認識一下吧。下次我們去神奈川縣，找渡邊裕之一起撿垃圾吧。」

我後來在FACEBOOK上看到渡邊裕之的貼文，他似乎也時不時會去撿垃圾，並且在貼文裡寫成「撿拾夢想」。要是哪天真的能和這位女總裁和渡邊裕之先生一起撿垃圾、然後再品嘗一下渡邊太太原日出子的好手藝、喝碗味噌湯，那可是我寐以求的事。不過，後來疫情爆發，這趟撿垃圾拜訪之旅就不了了之了。再後來，便聽說了渡邊裕之先生過世的新聞，真是晴天霹靂……

我的工作之中有一個部分，需要鉅細靡遺地閱讀週刊雜誌，收集情報。渡邊裕之過世了之後，出現了幾篇關於他的文章，我都有讀到。讀了那些文章，發現渡邊裕之其實是一個潔癖很強的人。他不僅嚴格地維持撿垃圾的習慣，就連開車的時候，看見了垃圾也會專程停下車去撿，是個人格非常高尚的人。但不知道是否就是這種壓抑自己的完美主義，讓他把自己逼上絕路。

撿垃圾讓人學會無視的力量

我平常走在路上，就會很在意地上的垃圾。包括寫下這篇文章的今天，我打算到附近的客美多咖啡廳寫稿，便騎上腳踏車飛馳而去。在路上一直注意到地上有很多的垃圾。雖然也會覺得「好想撿喔～」，但是轉念一想就覺得「還是算了吧」當作沒看見。假如專程停下車來撿垃圾，那就變成一種自我犧牲，是一件偉大的事，但這個情形繼續往下發展，可就沒完沒了了。要是不適時劃清界線，那真的會一發不可收拾。所以，我早就決定，在自己無法撿垃圾的情況下就無視即可。「垃圾呀，這次就當作我們沒有緣分，下此有緣我再來撿你唷」同時心裡會一邊這樣想。

有時因為工作所需，我也會經過像是東京站或是新宿站這種人群雜沓的車站。因為我平時都會隨身帶著垃圾夾，所以理論上是隨時都可以撿垃圾，但我通常不會在人太多的地方撿，因為會擋到後面的人。如果我在人群之中開始撿垃圾，原本順暢往前推送的人流就會因此而停下來了，所以雖然還是會在意地上掉落的垃圾，但我也會選擇「還是算了吧」，豪壯地視若無睹。要在車站附近撿垃圾的話，我會挑人比較少的時間，還有出站之後，人數變少、撿垃圾也不會阻擋到任何人的時候，我才會開始撿。這樣一來就可以輕鬆無壓力地開心撿垃圾了。

從厲害的人變成很棒的人

很多人看到厲害的人都會說「好厲害」。但要我說，聽到像是「好厲害」這種話時，我們可不能掉以輕心。

被人家說「好厲害」會引發出一種像是痲藥般的中毒症狀。一旦中毒，就會想要更多的「好厲害」，把自己原本的樣子給抹殺，只能繼續扮演一個擁有高人格的自己。自己真正的模樣，和那個扮演著「好厲害」的自己背道而馳，其實會讓自己過上相當痛苦的人生。揣摩扮演的那個自己，會在不知不覺間變得比真正的自己還要更「像真的」。我也曾經被公司職員或是其他公司的經營者說過「好厲害」，結果變成上述的狀況，逐漸走向建立出虛幻的自己這條路，所以我非常能夠體會這種感覺。

被誇「好厲害」、然後想著「要繼續創造更厲害的自己」，最後會變得很痛苦。而且，每當看見自己「不厲害」的一面，就會有一股自我厭惡的情緒彷彿胃酸逆流般油然而生。結果心中的指針就會偏向狀態不好的那邊了。

那麼，假如我們改變了對自己的自我意象，會如何呢？

曾經，我很想成為一個「（超厲害的）傳奇企業家」，將自己束縛在框架之中，但中途改變了自我意象，決定成為「很棒的企業家」。

要注意這裡說的很棒，漢字絕對是寫成「素適」，而不是「素敵」。「素適」這個寫法，當中就含有這樣的意思：「保有自己最原本的素質，做最適合自己的事情」。光是改變自己的自我意象，就會瞬間變得很輕鬆。像我馬上就理解到：「我太想要成為一個厲害的企業家，以至於整個人都被限制在自己創造出來的虛像監牢裡了。」

一味地想要當一個「厲害的人」，最後就會變成依靠別人的評價而活。與其這樣，其實只需要自己覺得自己「好厲害」就行了。甚至，根本不用覺得自己「好厲害」也不要緊。**告訴自己「做自己最棒（最適合）」的話怎麼樣呢？那麼，你就是最棒**

的了。

追求「厲害」是永遠看不到終點的

心理學家馬斯洛提出了一個需求層次理論。說明人們會經過不同的階段，追求更高層次的需求。

第一個階層是「不想死」。生存得到了保障後，就會希望「安全」。滿足了安全之後，就會更上一層樓，進入社會歸屬感的需求層級，希望「至少可以和別人一樣」。這一層再得到了滿足之後，就會進到「真不想像別人那麼普通，我想跟別人不一樣，希望別人誇我厲害」、渴望尊重的世界。我之前就是在這第四階段的欲求之中執著了許久。當時就算被誇了「好厲害」，也會想要得到「更厲害」，甚至希望「下次，我要讓那個很厲害的人，承認我更厲害。」真的是看不見盡頭。當然，就算是現在，也還是多少會有這樣的慾望，但已經不會再像之前那樣被困在裡頭了。我現在已經明白，以這個慾望為標準去過生活的話，就真的會變成一個將自己困在「他人評價」的牢籠之中的「囚」犯。

尊重的需求被滿足了之後，人就會往第五個階段的自我實現需求去追尋。這是「想成為理想中的自己」的需求。如果加上一點吉川流的解釋，就是「不管別人說什麼，都要變成自己想要成為的那個自己」的意思。也就是說，從繞著他人公轉，變成自己自轉。我認為，可以「靠自己自轉」留在自我實現的世界中的人都是「很棒（素適）的」。屬於第四階段尊重需求的形容詞是「很厲害」。而屬於第五階層自我實現需求的副詞就是「很棒（素適）」。

進入「很棒的」世界的方法

我並不是要去否定尊重需求裡面那個需要被稱讚「好厲害」的世界。畢竟，要是「好厲害」的需求在某種程度上沒有被滿足的話，也很難發自內心地進入「自我實現的世界」。舉例來說，假設有一個人，覺得「做自己就很好」，於是他從還是個孩子的時候就遊手好閒地過了一輩子。因為他一直都處在自己想要的「遊手好閒」的狀態，那我們幾乎可以說這個人從一出生開始就已經達到自我實現了吧。但是，這個社會是一個金字塔。還有一把叫做比較的量尺。我們人每一個所到之處，包括學校的成績、賽跑的速度都會被拿來比較。這時候，自己的自我意象就會崩壞，融入比較的世界，隨後開始覺得：「啊，我再這樣下去可能不太好。」我說這些不是在批判社會，我只是在表達，這個社會的構造就是這樣子。

那麼，在金字塔型的社會之中，該怎麼讓自己的自我意象維持在一定的高度呢？我想出了這麼一個的折衷方案：首先，要先想辦法至少擁有一個讓別人覺得「好厲害」的地方，總之要提升他人對自己的評價，什麼都可以，只有那麼一個也沒關係。不論是工作、興趣、還是拍影片的技能、甚至是撿垃圾這個行為都可以。那麼，就可以體驗到「好厲害」的世界，而在嘗過「好厲害」的滋味之後，就比較容易步入「好棒」的自我實現世界裡了。而在這一層的世界裡，需要做的就只是發揮自己的本質，因此對「好厲害」的執著也會跟著減輕了。

享受過程，表達自我的世界

身處在一個金字塔社會之中，想要生活過得幸福，就要找出一件、不論是什麼都好，至少要有一件讓別人覺得「好厲害」、可以做到無人能出其右的事情，找到之後不斷精進。接著，就可以進入屬於自己一個人的世界，就算身在競爭的社會之中，還是可以將世人的評論放在一定的距離之外。這就是我所要傳達的，邁向很棒的人生的入門方式。

經常有人會說：「可是，我根本就沒有什麼是可以被稱作第一、或是可以做到無人能敵的能力啊。」經常有人會這麼說。不過，真的是這樣嗎？那個能力就算是撿垃圾也沒有關係喔。比方說成為整個家鄉內最會撿垃圾的人、或是在群馬縣太田市八幡町的公園裡當全世界最會撿垃圾的人之類的，這種都可以。因為撿垃圾這件事情，只要想做，不論是誰都做得到。又或者是，試試看一天之中花十六個小時來撿垃圾怎麼樣呢？我想如果是在垃圾很多的地方，一天下來大概可以撿到一萬個。就算看我之前撿垃圾的紀錄，一天最多也只有撿到三千千個左右。如果撿到一萬個的話，在別人眼中，絕對是「厲害」得不得了。搞不好都有可能打破撿垃圾的金氏世界紀錄了。就算金氏世界紀錄不承認這一項，作為一天一天之中撿了最多垃圾的人，也可以好好地誇一誇自己。

追求「好厲害」的這種生活方式，需要的是「結果」。不論是在運動場上、商場上、甚至是自我的意念上都是。所以說，我們要稍微去重視一下結果。然後，在某件事情上做到第一了之後，就要把握住「自己很厲害」這樣的自信。接下來才能進入自我實現、同時也是「享受過程」的世界。在這個世界裡沒有競爭，是一個只需要好好「展現」自我的世界。與其說是「自我實現」，說是「自我展現」的世界可能會更具體明確一點。很單純地、只因為自己想要撿垃圾而去撿；只因為自己想要寫一本關於撿垃圾的書而去寫。就連工作也是自我展現的一部分。至於這本書的印刷量？銷售量？雖然還是會有點在意，但是比起那些，我更想要完成的是寫出一本可以滿足自己的懸念、充分表達自己理念的書。把努力的目標放在這一點上，人生就會像是被施了魔法那樣，變得非常愉快。

撿垃圾這個行為，本身就存在於一個比起結果更重視過程的世界。而且也是因為自己想做才去做的、正是「展現自我」的領域。撿垃圾，可以發自內心地去感受過程的快樂，或許可以帶領大家進入一個魔法般的世界呢。

撿垃圾，
信手拈來都能哼成歌♪

我的文章會有這麼多音符的原因♪

如果是第一次接觸到我的文章的讀者，大概有很多人都會覺得有某種違和感。會覺得，文章裡面的「♪」也太多了吧。這當中有一個既深沉又輕鬆的原因。

在我們公司內部，會用一個叫做Chatwork的聊天程式來進行內部成員的溝通交流，搭配另一款敝公司自行開發的工作日誌軟體「日報革命」並行使用。總之，透過文字來交流的情況非常多。特別是在新冠疫情之後，面對面、與人當面交流的機會變得很少，文字交流則是大量增加。不過，文字溝通十分容易產生不必要的誤會，這也是事實。

比方說，要是身為執行長的我，回了一句不帶任何表情或符號的「收到」，會發生什麼事呢？職員會覺得：「好冷淡。天啊，老闆現在一定是很火大，唉，我是不是做了什麼讓老闆不開心的事了？」直接開啟了一段毫無必要的臆測。這還會導致工作上的生產力下降。

二〇二二年一月，我從執行長的位置退休，四十八歲就成為了榮譽董事會的會長，開始「隱居」。就算是提前退休，時間點來說也實在是太早了一點，其他的管理職朋友們都表示很驚訝，但我現在真的很享受這種提前退休的生活唷♪繼承我位子的新任執行長新井英雄，是一位工作能力比我強了七億倍的超優秀領導人。但他最大的缺點，就是外表看起來很嚇人！不講話的時候，看起來就是一個黑社會的商務人士。有一次，我看到他在聊天室裡的對話，實在是太沒有感情了，所以我就建議他：

「新井啊，你平常看起來已經很可怕了，你試試看在跟同事們文字溝通的時候，句尾全部加一個音符吧。這樣子會比較少同事害怕你哦♪」他這個人很老實，真的照我說的去做了，於是接下來的聊天室變得超級溫暖。

「收到喔♪」、「就照這樣繼續做吧♪」、「謝謝你們♪」變成了一場句尾加音符的嘉年華。或許有些人會想說，也不一定要用「♪」吧，用表情符號不是比較好嗎？但是呢，表情符號會因為手機或電腦的型號問題而出現「順利顯示、無法顯示」的狀況。所以，才要選擇使用不論是哪種裝置都能夠順利使用的「♪」。

我在寄電子郵件、或是使用通訊軟體聯繫的時候，即便是面對輩分比較高、且是初次聯繫的企業家領袖，也會在文字間加上「♪」。大家一定會覺得，這樣會有點尷尬吧，但七年來我都沒有收到任何的抗議，所以這麼做應該是沒問題的吧（笑）。不如說，因為一開始就感受到親切感而更願意說出真心話的對象反而還增加了呢。

會加上音符還有另一個原因

透過文字進行交流時，加上音符，能夠帶給對方一種：「我沒有在生氣哦，我心情非常好，所以，想說什麼都儘管說喔。」這是用來製造心理上的安全感最簡單的一個手法。因此，加上音符，其實是為了對方、為了他人著想。

此外，還有一個更為重要的原因。

其實，加上音符不為別的，也只是單純為自己而做的一件事。在電腦上打出郵件或是留言版的文章時，光是加上「♪」的這個動作，就能讓自己的心情變得輕鬆。假設發生了什麼不太開心的事，帶著不愉快的心情工作、寫郵件或是是討論版發文的時候，讓自己刻意地加上「♪」的話，說來可能很難以置信，但自己的不愉快會

新井英雄先生的留言上也加上了音符♪♪

新井英雄　董事長　執行長

茨城第二間店面：下館店改裝完畢，準備重新開幕！
感謝各位的協助，包括不在這裡的許多人♪

在不知不覺間消散，心情會變輕鬆、重新回到絕佳狀態。也就是說，靠著自己所使用的話語，就能夠調整自己心理的狀態。

像我自己在寫這本書的原稿的時候，寫作的狀態某種程度上也是「拚命三郎」地「加油吧 Rumba」。我一天大約會打出三萬字（日文字數）的原稿。但不可思議的是，我幾乎都不會覺得累。因為我會隨時在自己的文章裡加入「♪」，讓心情變得很輕鬆♪這一點才是音符最大的效用。希望各位讀者，就算是當作被騙一次也好，試著用用看吧♪目前 PRIMAVERA 有很多員工都會在寫工作日誌時也加上「♪」呢。這說不定是整頓自己內心最簡單的一個方法喔。用這個發現寫一篇論文拿去發表的話，搞不好可以得諾貝爾和平獎呢♪

另外，我想各位也都注意到了，在我的文章中，也會很頻繁地看到「（笑）」或是「（苦笑）」。這同樣也是我有意為之。任何事情都可以一笑置之的話，心情便可以得到昇華。笑這件事，其實是非常具有能量的。所以，刻意在文章中插入大量的「（笑）」的表現，就可以把自己的負面情感、或是乍看之下負面的事物給「淨化袪除」。我有時候還會開玩笑地說出什麼：「忍術，笑開懷之術！」之類的（笑）。

哼出旋律，「做」出心情

在我以成為「傳奇企業家」為目標「努力不懈」的那段時期，回到家通常都已經精疲力盡。在公司職員的面前，我絕不吐露任何示弱的話、也完全不允許自己嘆氣或打哈欠。只為了演出一個「在員工的眼裡很厲害的理想行管理者」的形象。結果，從回到家的那一刻起，我能發出的聲音就只剩下嘆氣了。而且還是一種，連續工作十六小時累積下來的、強烈又烏漆抹黑的「唉啊啊啊啊——」這樣的嘆氣，從身體的深處接連不斷地噴發出來。我也收到了不少次太太的抱怨：「真是的，你可以不要每次一回家，就一定要像那樣在我面前連續嘆氣嘆個不停嗎？」被她這麼一說，我才「嚇！」地驚覺到這件事。因為真的是無意識做出的舉動，因此我自己甚至完全沒有注意到。後來，我就會盡量在回程的車上把那一堆嘆氣給嘆完，就不會把它們帶進自己家門了（笑）。

還有另一項功課，就是我在洗澡的時候，會刻意地哼出一些旋律。因為以前回到家時通常都已經變成一灘爛泥，根本就沒有什麼餘力在那邊哼歌，虧我還在研習課程上跟員工說了那麼多大言不慚的話，像是：「**心情不是感覺出來的，而是創造**

出來的。」這種。想起我曾經說過這種話，於是為了創造出自己的快樂、創造出絕佳的好心情，我就決定趁著洗澡時一邊哼歌。結果，不僅心情變得輕鬆，連身體也輕盈了起來。我後來才明白一件事：自己身體裡的細胞最想要聽到的聲音，既不是心儀歌手的歌聲也不是喜愛的音樂，而是經由自己本人發出來的聲音。就是說，用自己的聲音唱出來或哼出來，可以讓疲憊的身體細胞自動歸回交響樂隊的位置，釋放出療癒的力量。我透過這個行為提升了自己的狀態，但這下子太太又提出了不同的抗議：「在浴室唱歌很吵耶。」我已經被唸了好幾次了（苦笑）。

撿垃圾時很自然地就能哼起歌

我在洗澡時哼歌，是「故意」、「刻意」、「有意識地」哼出來的。並非真情流露，而是意識著要「讓心理的情緒回歸到絕佳狀態」才去做的。這一點，直到我開始撿垃圾之後才發生了改變。撿垃圾的時候，自然而然地就會想要唱歌，自然而然地就會哼出旋律♪自然而然地、音樂就會從身體裡面流瀉出來。

走在街上，是不是偶爾會見到有人邊走路邊唱著歌？也許大家會覺得他們就是所謂的「腦海中有一片花田」、有點不太對勁的人吧。我以前也是，看到那樣的人都會下意識離遠一點。但是現在，那種不太對勁的人，已經變成是在說我自己了。想一想，一個連手上的手套都不成對的人，「哼哼哼♪」地哼唱著自己熱愛的、財津和夫先生的「沒有郵票的禮物」，手裡握著鐵夾、拎著 Pink-latte 的粉紅色垃圾袋，而且還在撿垃圾。看起來完全就是下一秒就準備要犯罪的可疑人士會有的詭異行徑吧（苦笑）。

有時候我會在家附近遇到放學回家的小學生，某次當我一邊哼著歌一邊撿垃圾、對小朋友露出笑容的時候，對方就往後跳了大概三十公分，然後直接離開。但是當我回過頭去看他，又發現他直直地盯著我看，四目相交的瞬間，他馬上撇開眼神，慌慌張張地跑開了。我看得出來他媽媽把他教得很好，因為他有記得：「在路上看到怪怪的人，不可以靠近他喔。」（笑）。

在別人的眼裡，我就是那種「行跡有點可疑的人」。不過，假如讓我說的話，我是覺得：**「就當作調整自己的心情，大家為什麼不試著多哼一些歌呢？」**就算不撿垃圾，只要開心就哼兩句也很不錯、或是嘴裡輕輕唱著曲子都很好呀，不在家裡面也可以唱歌的。順帶一提，我的歌路很廣，從石原裕次郎的「今生無悔」、我的偶像城南海的「編織愛」，到 AKB48 的「365 天的紙飛機」、DISH// 的「貓」、Ado 的「煩死了」，各式各樣，只要是我能哼出來的都行。因為歌詞完全背不起來，所以副歌以外的部分全都用「哼哼哼♪」來解決。或是像藝人出川哲朗那樣隨性地填上一些歌詞亂唱♪

為什麼說撿垃圾的時候戴耳機就太浪費了

也許有些人會這麼想吧……像是 Ado 的「煩死了」這種歌，「難道不會覺得歌詞攻擊性太強、反而讓情緒起伏變得很沉重嗎？」跟各位說，我家有一位「行走的廣播電台」，也就是我的大女兒，她在讀書的時候可以一——直不停地唱著同一首歌。那麼我就會連續聽她唱那首歌兩個月，大概有兩百遍，所以只要是她愛上的歌，我的耳朵就會自動記憶，也可以很自然地哼出口。另外，像是「煩死了」這種歌裡面，一些比較強烈的歌詞，只要完全不去感同身受，不花力氣去融入感情、帶著輕鬆的心情去哼唱的話，就不會被沉重或強烈的情緒影響。相較起來，就我個人的經驗來說，先去判斷「這首歌是沉重的歌還是輕快的歌」這件事，反而更容易讓心情變沉重。

在路上撿垃圾，很常被問到「你在聽什麼呢？」確實在我剛開始撿垃圾的時候，總覺得不能浪費時間，因此會一邊聽一些聊經營管理的 Podcast 節目、或者像是我非常崇拜、非常尊敬的管理大師——武藏野股份有限公司的小山昇董事長開的營運諮詢語音信箱節目。但是，我後來理解到，這反而是「非常浪費時間」的一種作法。撿垃圾的本質，其實是「停止思考」。停止腦內的思考判斷、停止去想事情。這樣才有辦法接近空無的狀態。接著才能夠進行自己與自己的對話、也才會有自己想都沒想過的靈感閃過腦海。假如戴上耳機，不論是聽音樂還是吸收資訊、總之一旦把腦子塞滿、維持思考的狀態，反而就失去了靈感這個撿垃圾最大的實質收穫。

三個方法打造幸福愉快的狀態

哼著歌的人，是心情很好呢？還是心情不好呢？百分之百，一定是心情很好吧。因為假如心情不是特別好，就哼不出歌了吧。雖然已經是老生常談，但大家要知道心理和生理是密不可分的，因此你怎麼去使用自己的身體、怎麼做出行動，都會改變心理的狀態。一個人如果想要改變自己的心理狀態，有三個方法。第一個就是改變自己說的話。比方說在郵件或聊天室的留言中加上音符的符號、或者是說「謝謝」都是這樣的道理。第二個，就是改變身體的動作。比如抬頭挺胸就能創造出「充滿自信」的狀態；哼哼唱唱、讓身體跟著律動搖擺，就能夠把心裡的指針轉向狀態絕佳的那一邊。還有第三個方法，那就是改變周遭的環境。像是把自己的桌子整理得乾淨整齊，心靈也會跟著變得有條不紊，就正是這個原理。

我個人提倡撿垃圾是一種最強的習慣，因此我會說，撿垃圾這件事，從上述三個改變心理狀態的觀點來看，一樣還是最強的。首先，撿垃圾可以讓音符自然而然地從身體裡流洩出來♪這就是藉由改變說話方式去改變心理狀態。第二，要撿垃圾，就需要走出戶外、勞動身體。這種活動身體的方式，可以帶給身體很多很多的行動力——也就是能量，因此也會改變心理狀態。最後，撿垃圾這件事，不需要多說，就是很實際地靠著把垃圾撿起來的這個舉動，替自己視線所及的環境做一個具體的改善。

各位讀者要不要也試試用鼻子唱著歌、一邊哼哼唱唱一邊撿垃圾呢？一定可以親身體會到像是被施了魔法般、心情變得超級好的感覺喔♪♫

撿垃圾，
讓你不再錯過腳邊的幸福♪

幸福就掉在你的腳下

我是一個自由人。從我家到公司，只有三百三十三公尺的距離。而我大約從十年前開始，就已經不進公司上班了。有會議、演講或是有事要討論的時候還是會去，但原則上除了前述幾種必要情況，我都不會去公司。因為一旦我去了，「吉川先生，這個要怎麼辦？那個部分該怎麼處理？」就會像這樣被員工們問一大堆問題。我就等於是扼殺了他們「獨立自主的幼苗」，因此我選擇不去公司露面，指示他們如果真的有什麼事情要問，就用網路聊天室討論。

於是，如果問我都在哪裡工作的話，基本上就會是我家或咖啡廳、共享辦公室等等，我可以在任何自己喜歡的地方工作。最常工作的地點是自己家裡和咖啡廳。我特別常去離自己家超近的一間咖啡廳。我的目的只有一個。那就是求得一份安寧。在孩子們元氣滿滿的吵鬧聲或哭吼聲所構成的喧囂之中，實在很難想到什麼點子，也幾乎沒辦法集中精神工作，所以我需要咖啡廳的寧靜。

偶爾，突然閃過想去旅行的念頭，便會獨自一個人踏上旅程。「你這個人還真的是很自由欸。」一太太的抱怨，我也能瀟灑地當作耳邊風，按照自己的步調說走就走。至今舉凡千葉縣犬吠埼、淡路島、兵庫縣的城崎溫泉、新潟市、長野縣松本市、高知縣足摺岬、五島列島當中的福江島等等地方，我都去過了。對我來說，出去旅行可以讓工作的效率提高許多。而且我一個人去旅行時，基本上不需要吃什麼東西，所以可以把更多充裕的能量拿來努力工作，形成一個良好的循環（笑）。當然，我會帶著我的旅伴，也就是那把夾垃圾用的鐵夾。順帶一提，我到長野的善光寺去旅遊的時候，看見好長好長的人龍在排隊等待參拜。而我沒有去參拜，而是去撿排隊的人們掉下的垃圾。觀光的同時也對社會有所貢獻，所以可以帶著「做了好事呢♪」這種最棒的好心情旅遊，某種程度上也算是進行「公益消費」的活動啊♪

旅行途中，我幾乎一整天都在工作。我最主要的工作就是閱讀職員們的工作日誌、絞盡腦汁想出一些改善營運的好點子。這件事最好安排在上午、精神最好的時間點做完。接著，當我感覺工作到有點渙散，我就去撿垃圾。這也是一種很好的休閒活動。對我來說可以轉換狀態。尤其是怎麼想都想不出什麼好點子的時候去撿垃圾最棒了。只要去撿垃圾就會得到自己從來沒有想過的靈感豁然垂青，而且都符合當下需要解決的問題。順便說一下，通常大家一般都會很輕鬆地說「轉換心情」，但實際上，就本質來說應該是指「轉換狀態」。把不好的心理狀態提升成一個絕佳的心理狀態，就是「轉換狀態」。能夠做到這一點的最強習慣，就是撿垃圾。

我會跑去新潟市車站前每晚三千八百日圓的商旅，進行一個人獨自寫作營運企劃書的宿營，大約進行到第五天，感覺企畫書遇到了阻礙寫不下去，便到新潟市區的街上散步，撿了大量的垃圾，重新回到旅館。接著，再到旅館的大眾池泡泡澡，放鬆了身心之後再回到工作。在飯店裡做到很厭煩的時候，就轉移陣地到附近的咖啡廳。前往咖啡廳的途中，就是絕佳的撿垃圾時機，拿著鐵夾撿了垃圾之後，在咖啡廳就可以一邊享受撿回來的菸蒂散發出的微微香氣，一邊工作。假如工作到很晚，回程的路途中天色會變得很暗，但車站周邊有許多的光源，因此我又可以繼續撿垃圾，一路撿回飯店，再度開始工作。像這樣不斷重複工作和撿垃圾的輪迴，就形成了一個工作和興趣的循環。還有一點當然也是不證自明，就是撿垃圾其實也是一種輕鬆的運動，因此大腦的表現也會在撿完垃圾之後得到更上一層樓的發揮。

撿垃圾至今，一共撿到了多少錢？

接下來，還有一個問題也是大家很常會問我的，這個問題就是：「你平常這樣撿垃圾，會不會很常撿到錢呀？你說你到現在撿了超過一百萬個垃圾，那總共撿過多少錢？」先說結論的話，合計的金額大約是七萬四千三百三十三日圓。我撿垃圾的八年來，撿過最大筆的金額就是七萬塊。當時我很常拜訪一位住在東京澀谷的顧問老師，開車去找他的時候，我就在收費停車場的二樓撿到了那筆錢。因為實在是一筆大數目，所以我把它送到停車場的管理室，並留下自己的住址和聯絡方式。不過後來完全沒有收到任何聯繫，所以我在想，也有可能是被缺錢用的管理室警衛中飽私囊了也說不定（笑）。可以把這麼一大筆錢提供給有需要的人真是太好了、太好了呢。

第二多的是在家附近的居酒屋旁邊的小巷子撿到的三千日圓。我記得我那一次是把那三千塊放進了 7-11 的愛心捐款箱捐出去了。第三名則是一千日圓，至於這個我已經忘記我是在哪條路的路邊撿到的了。其他撿到錢的紀錄，幾乎全部都是一圓硬幣。而且，多半還是早已被汽車輾過、腳踏車壓過、被腳踩得邊緣坑坑疤疤、殘破不堪的一圓硬幣。像是前天，我在家附近的縣道二號道路上撿垃圾的時候，又撿了一個沾滿塵土、坑坑疤疤的一圓硬幣。

不過，「可以撿到七萬塊真的是很不錯耶，看來撿垃圾真的是一件很不錯的事哦。」雖然真的會有人這麼說，但其實以效益主義來看，完全就是超級不划算。以八年來我撿了一百萬個垃圾，當中撿到的錢就只有七萬四千三百三十三日圓。以我花在撿垃圾上的時間來算，平均撿起一個垃圾的間隔是十秒鐘，所以總共花了兩千七百七十七個小時。七萬四千三百三十三日圓除以兩千七百七十七小時，除下來等於是一件時薪二十六塊日圓的工作耶。各位要是心裡抱著一絲期待，想著「只要撿垃圾，就有可能撿到錢、變成有錢人。」的話，還是趕快把這種妄想丟掉吧。

撿垃圾的功效是發自內心深處去發現腳邊的幸福

那麼，既然撿垃圾這件事無法帶來實質利益，那麼撿垃圾又能帶來什麼其他的功效呢？其中之一，就是讓人能夠去發現自己腳邊的幸福。在我開始撿垃圾以前，我對植物是一點都不關心，連一點興趣的邊都摸不到。因為不論春夏秋冬，我都一個勁地埋首於工作，甚至就連櫻花盛開的季節，也只有曾經和家人到附近的賞櫻景點去看櫻花的印象而已。什麼「享受當下」啦、「憐花惜物」這類的事情都與我無緣，我就算眼睛看著櫻花，也是在想著營運上的難題或是思考公司的未來，整個人就是心不在焉的狀態。甚至於被太太說過很多次「你這個人根本就是急功近利。」

這件事是在我開始撿垃圾之後，才出現了變化。撿垃圾時，會專注地看著自己腳邊的事物。如此一來，方能開始注意到：「我從來都沒發現，這條我曾經毫無意識地走了數百遍的縣道二號上，原來是有花圃的啊……」

每年的九月下旬到十月是我在一年當中最喜歡的季節。這時金木樨的香氣會飄散在整個城鎮之中。我家附近有一間高中，就是我的母校：縣立太田高中。學校南側的小路和鐵道之間，是一個撿垃圾的好所在。可能因為是一快照不到太陽的小區域，所以看起來比較適合丟棄大一點的垃圾吧。種有樹木的地面上可以看見許多別人亂丟的垃圾。而這裡種的樹木正是金木樨。每到了這個季節，金木樨的香味撲鼻而來，我甚至會專程為了聞這股香味而去那邊撿垃圾。這種時刻，除了至高無上的幸福，實在無以言表。

像那種時刻，我的口中就會自動哼出為了三一一東日本大震災的賑災復興而創作的「花將綻放」這首歌，邊唱邊撿垃圾。從我開始撿垃圾之後，甚至不用跑遍全日本、不用跑遍全世界，就可以注意到遺落在自己腳邊的幸福了。

前幾天，我正構思著這本書的內容時，租了一台車前往櫪木縣的日光地區。想要像川端康成那種大文豪一樣，享受一個人的孤獨，在溫泉旅館裡用鍵盤代替筆墨敲敲打打。不過，當我實際去到了現場，卻發現我心裡完全沒有一星半點的悸動。因此，我再次肯定自己的想法：幸福，就存在於自己所親近的土地、自己的腳邊、也就是近到可以撿起垃圾的腳邊的範圍。我也發現，自從開始撿垃圾起，自己的滿足感幾乎已經到達了「沒有什麼特別想去的地方」這種程度。

還有一點就是，在開始撿垃圾之前，我曾經因為想維持心情的平靜而在屋子裡擺放觀葉植物。但在我開始撿垃圾之後，眼裡時常都會看到腳邊的綠意。就算沒有觀葉植物，看到外面的野生植物時，心情也一樣能變得柔和，於是漸漸地也就不用在家裡擺放觀葉植物了。

見花是花，理想的生活方式

在我心情真的很放鬆的時候，也會一邊撿垃圾，一邊跟花朵對話。「喔喔，蒲公英小姐，終於見到妳啦～妳一直都在這裡嗎？我好想妳哦～」像這樣。不過也是在心裡講而已。最近我還看到我家附近的鄰居家花圃，其中一小片開滿了不知名的黃色花朵，真的好動人，我在心裡對它們說：「你們真的好美呀～」我覺得，不需要千里迢迢地去到茨城縣的日立海濱公園或是豪斯登堡，因為這麼美好的小花海不就近在眼前嗎？

看著那些花時，還會想唱另一首歌，就是中孝介的「花」這首歌。我在THE卡拉OK☆戰鬥的節目裡，看過我的偶像城南海唱了「花」之後，就愛上了這首歌。我把城南海唱「花」的錄影帶片段重播了好幾百次來聽，連我的二女兒都跳腳說：「爸爸的小三是城南海！」。結果自從那次以來至今七年，我太太都把城南海當成了假想敵。

在那首「花」裡面，有這麼一段很美的歌詞：

「就像花一般　就像花一般　那樣隨風搖曳的生命……
每個人　每個人　都在土地上穩穩扎根　心中都有　那麼一朵花」

一邊撿垃圾一邊看花，心裡就會對這首歌產生特別強烈的共鳴。花本身沒有辦法移動，所以就算遇到強風吹拂，也只能把根扎穩，隨之搖晃。但同時，看起來又是那麼用力地把根埋在土裡，堅韌地活著。人也是如此，儘管被社會的洪流沖刷，還是要堅強地用自己的雙腿前進。

撿垃圾其實也是如此。即便酷暑，即便嚴寒，無論颳風還是寂靜，天氣雖然會有所影響，但撿垃圾還是一樣單純。僅僅是透過這個行為，就能感受到自己像是穩穩地扎根在土地上、可以好好表現自己，活出自己那朵花的樣子。

淡然處世；笑臉迎人；兩袖清風；沉默是金

我覺得，花的一生，其實就把小林正觀先生所提倡的快樂生活準則：「淡然處世；笑臉迎人；兩袖清風；沉默是金」完完整整地體現了出來。小林正觀告訴我們，

與其活得自我中心、希望事事都照著自己的意思運作，還不如與世推移、把自己交出去，才更能夠活得快樂。他將這個道理用四句話來具體呈現，也就是淡然處事開頭的那四句生活箴言。而花就只是淡然地盛開著，花朵綻放的樣子也像是帶著微笑、笑臉迎人的樣子；花兒們也始終兩袖清風，任憑風吹雨打，仍堅忍不拔地活著；最後花也總是沉默、不論天氣的變化帶來的是享受還是苦痛，都依然盛開。

像花朵這樣的生活方式，如果要拿人們生活中的事情來表達的話，我會說，我所能想到、能稱作最相似的一件事就是撿垃圾。撿垃圾也只是淡然地、把地上的垃圾撿起來、蒐集在一起的簡單作業；再來，撿垃圾令人心情愉快、不自覺地揚起微笑。以至於每次別人看到我在撿垃圾的時候，心裡一定都在想：「真不知道那個人在想什麼。」那就是「兩袖清風」的灑脫。這種捉摸不定、飄飄然的感覺正是所謂的「兩袖清風」。這在老莊思想當中，被稱為是水一般的處世態度，也就是這一句話：「上善若水，水善利萬物而不爭，處眾人之所惡，故幾於道。」而垃圾，也會集中在地面上最低窪的地方。這也就是「處眾人之所惡」。那麼將腳踏入其中，撿拾垃圾，也就相當於體現了「上善若水」這種像水一樣的處事態度。最後，撿垃圾也是很默默的。雖然我有時候是會一邊哼歌啦。

撿垃圾這件事，或許可以讓人開始留意腳邊最真實的、也最珍貴的幸福。撿垃圾其實本質上就是很高尚的、上善若水、從善如流的行為，那麼當我們又能夠從這樣的行為之中去享受到樂趣，漸漸的自己的欲求或是想去的遠方都會自然地減少了，也許可以讓人開始在「當下此刻」的事物中體會到充滿內心的快樂喔。

撿垃圾，
就是個「好人」不用多説♪

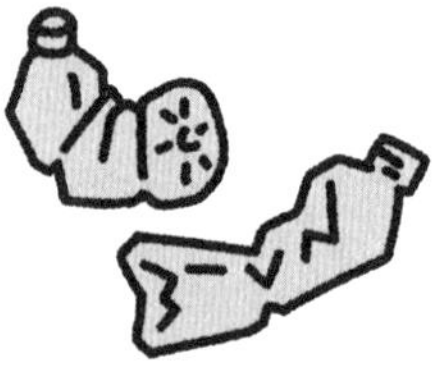

撿垃圾的足跡遍布全球

我不論走到哪，都會隨身帶著撿垃圾用的鐵夾。走路的時候就拿在右手上、騎腳踏車時插在後面的置物箱變成尾巴、搭電車的時候就插在後背包當作天線。不僅限於國內旅行，就連海外旅遊我都會帶著垃圾夾一起去。在世界各地撿垃圾，就可以對各個國家的生活大小事有更多的認識，真的非常有意思。

有一個英語課程，為期半年、要價三百六十萬日圓。他們宣稱：「到我們這裡學習，一張白紙也能流利說英語」，於是我就在二〇一六年去報名了。這門課程的結業旅行去了菲律賓的馬尼拉，還設定了一個艱難但又刺激的畢業門檻，就是要在當地的 GO GO BAR 隨機地和女孩子搭訕。當時我也帶著撿垃圾用的鐵夾走在馬尼拉的街道上，當我一踏入小巷子，馬上就看到滿地的垃圾。那個垃圾量真是壓倒性地大，竟然連我都幾乎要喪失了去撿的動力

還被邀請去參加神秘旅遊

到澳門去進行海外參訪時，我也帶著我的垃圾夾。有一天，我們在澳門的某間餐廳吃飯，主辦單位的員工在聯繫接駁巴士的時候似乎出了差錯，我們被通知接駁車還要再等五十分鐘才會到。參與的企業領導人們一個個都露出了不快的表情，主辦單位的員工則是面色慘白。而我就拿起垃圾夾，從從容容地開始撿垃圾。澳門的路邊垃圾也很多，我就當仁不讓地去撿了。接著，就有幾個閒得發慌的企業主走過來靠近我了，你一言我一語地：「你平常都就有在撿垃圾喔？好偉大啊。」、「我可以拍個照嗎？真的是太感人了！」我瞬間就成了大紅人。還有一位老闆說：「吉川先生，你真是太了不起了。不嫌棄的話，這個請你吃吧。」明明大家都才剛吃飽，他還是去買了點心給我。該不會我其實看起來很窮吧（苦笑）？

另外，船井綜合研究所的「重量級」顧問三浦康志先生，看到我在撿垃圾的樣子，似乎特別心有所感。他對我說：「我開的研習課程裡面，有一項是到全日本各個驚人企業去參訪的行程。這個參訪行程基本上是不對外公開的，所以也不會招攬別人來參加，但我想特別邀請你來。吉川先生，我看到你在撿垃圾，就突然很想邀請你。」那個參訪行程，可以去跟全日本之中優秀得驚人的企業交流。現在，這個研修參訪行程已經成了我生命中的一部分、已經是我人生中的一個期待。當然，我在這個參訪的途中，還是一樣會拿著鐵夾走遍全日本。

這件事是一個很好的例子，**說明了撿垃圾的身影就是能夠博得別人的信任，也就印證真的會有「好事」發生。**

在紐約撿垃圾的時候

有一次，我到紐約去進行海外參訪研修時，發生了這麼一件事。那時候我因為時差的關係，早上醒得太早了，於是就一大清早走出曼哈頓的飯店，開始撿垃圾。紐約的交通非常壅塞，也時常能看見有人從車子裡面把垃圾扔出來，所以整條路上都是垃圾。因為時間還很早，還沒有什麼車，因此我也走到車道上去撿垃圾。順帶一提，在紐約有一種獨特的垃圾，就是針筒！想必大家都想像得到它的用途吧。我撿了差不多三個，這就是民情的不同吧。

然後，當我把目光聚焦到大馬路旁，便看見了一個像是茶色水球的東西。靠近一看，是個裝著茶色液體的塑膠袋，上端看起來綁得很緊。我心想：「這個也是垃圾嗎……算了，總之先撿起來。」下一秒，我卻不小心將那個水球掉到了地上。茶色的水球爆裂開來，液體噴到了我的腳上。戰戰兢兢地聞了兩下，這不就是阿摩尼亞的臭味嘛！正當我的臉上寫滿了：「啊喔———原來是一袋尿啊！」、「這下可不得了——」的那一刻，有一個騎著公路自行車、像約翰·藍儂那樣留著一頭長髮的男子迎面而來，對我說了一句「God bless you ♪（神會保佑你）」從我旁邊颯爽地騎了過去（苦笑）。後來我才聽說，因為紐約塞車實在塞得實在太嚴重，餐飲業也很少提供廁所，所以可能是有人在車上忍不住了，只好用塑膠袋來解決小便，再丟出車外，大概是這麼一回事。其實當時我只帶了最簡便的換洗衣物，所以發生了這件事之後，我在衣服這方面真的是傷透腦筋，不過現在回想起來，這也讓我又蒐集了一個關於撿垃圾的經典話題，真是一個難忘的回憶呢。

我在韓國的機場做了一個實驗

帶著撿垃圾用的鐵夾，要過機上行李安檢的時候，一定會被問到：「這個是什麼？」因為垃圾夾的外觀一看就會被當成鈍器。

「這個是什麼？」

「撿垃圾用的鐵夾。」通常我這樣回答的話，在國內線一般都可以直接被放行。有一次，在外國的機場卻被留下來問話，但我都還沒想到該怎麼回答，身後同行的企業主好友就開口說：「He is volunteer!」結果對方說了句「Oh OK」就放行了。這次的經驗不禁讓我覺得：「難道是因為我的外表再怎麼看都像個好人，所以才一直都能靠著長相通關嗎？」然後就一直想找機會實驗看看這一點（笑）。

於是在公司去韓國舉行員工旅遊時，我麻煩一位叫做阿濱、長相比較橫眉豎目的五十多歲男職員，試試看帶著我的鐵夾通過仁川國際機場的上機安檢。結果，那張長相兇惡的臉果然遭到懷疑，機場的工作人員執意對他進行調查，強行質問了十分鐘左右。可能一方面也因為安檢流程讓阿濱很緊張，臉上的表情越來越緊繃、看起來更像恐怖分子了吧。而我和幾個職員就在一旁關注著阿濱的安檢，然後大爆笑。「看吧，所以我這副吉川就是個好人的外表也算官方認證了吧？」我還一臉自豪地這麼說（笑）。

最後，終於通過安檢的阿濱整個人都啞口無言了。畢竟是我害得他這麼生氣，所以我在機場的休息室請他喝了兩大杯他最愛的生啤，後來他就原諒我了。話說回來，這個阿濱，就算經歷了這種事件，似乎也還是非常敬愛我的樣子，前陣子，我寄了一封感謝函過去：「感謝阿濱這麼優秀的人才願意從被併購的公司轉來敝社繼續任職。能夠和您一起工作真的非常幸福。」他還拿給高齡的老夫親看、感動得哭了呢。

讓好事發生的原理

我家附近有一間客美多咖啡廳。這間客美多是生意特別好的熱門門市。只要是生意很好的店家，通常附近都會有很多垃圾。因為那正是客人很多的證明。或許大家下意識會認為：「停車場最應該被好好打掃乾淨」。但是很多時候，其實都是由很少的人在管理一個很大的賣場、在服務為數眾多的顧客。實際上根本就沒有餘力去注意外面的停車場。我作為一個企業的經營者，我非常痛切地明白這樣的情況。

平時，我一走進客美多，有可能一待就待上六個小時之久（但我一定會點到三杯咖啡喔）。所以我會帶著對客美多的感激之情，在走進咖啡店之前，先在停車場撿垃圾。順帶一提，這間客美多的停車場總是一大早就客滿，所以我已經好幾年都是騎腳踏車、而不是開車來的了，為減少他們的車位負擔盡一份心力。

來到這麼受歡迎的咖啡廳，有些人就會為了搶位子而展開一場爭奪戰。一下車馬上爭先恐後地往店裡跑，只為了佔到一個好座位。這樣的心情我真的非常能夠理解。但是，這就是一種競爭心態。而且，也是希望可以坐到自己想要的位置這種極端的私心作祟。以心理狀態來說，實在不能說是一個穩定的狀態。而我呢，不太會去在乎那些比我晚到卻已經走進店裡的人，因為我始終保持一個富足、自在的心理狀態在一旁撿著垃圾。撿垃圾會讓心靈變得富足，也比較容易進入一個自在的情境。「我這麼善心在做這種事，上天一定會為我保留最棒的座位。」也就能這樣說服自己相信一切自有安排。有時候也會覺得不得已要去坐那種自己一開始不太滿意的位置，但入座了之後，通常都會發生讚到不行的事情，像是工作上突破瓶頸、或是從隔壁桌的對話中得到珍貴的商業情報之類的。把自己交給命運之後，就會想說：「今天會坐在這個位子上，一定是有特殊的意義，真是太棒了」特別容易讓我們去感謝上天的安排，這也就是我說的「讓好事發生」的運作機制。

但我說的並不是「會有好事發生」。事件本身都是沒有正面或負面的。沒有什麼事情本身就是好事或是壞事。

假如一個人的心理狀態是：「以自我為中心，希望事事都照自己所想的發展」的話，當他如願坐到景色優美的窗邊座位時，他就會覺得「好事發生了」。而當他不得已被安排到看不見風景的位子時，便會覺得「爛透了」。於是好事發生的機率就變成了50％。然而，當一個人的心理狀態拿掉了自我中心，聽任一切的安排，那麼當他坐在窗邊、看得到漂亮風景的座位時會覺得「真棒，好事發生了」；但在不靠窗、看不見風景的座位上，他也會因為自己的心處於一個自在又富足的狀態，而感到輕鬆愜意，心理可能會想：「雖然我看不到，但那邊的一家人可以開心看著窗外美麗的風景真是太好了」或是興奮地期待著：「坐在這個位置上，會發生什麼有趣的事情呢？」這麼一來，可以把事物視為「好事」的機率就上升了，也就是說「讓好事變得更容易發生」了。

把垃圾夾忘在客美多咖啡廳、專程去取回的趣事

近來，有很多茶館之類的店都開始禁止吸菸了。但這導致停車場開始漸漸地被當作吸菸區，地上總會有很多的菸蒂。我就會去把那些垃圾撿起來。我最常去的那間客美多咖啡廳為在一個交通非常繁忙的路口，因此垃圾是少不了的。每次當我沿著客美多咖啡的停車場繞巡一圈、撿完一趟垃圾走進門口時，店員已經從門後看見了我撿垃圾的模樣，便會對我道謝：「謝謝您每次都這麼費心」。有時候如果遇到比較幽默的店員，甚至還會告訴我說：「東側那邊的圍牆附近還有很多（垃圾）喔。」。當然我就會回應說：「好喔，那我等一下過去撿唷♪」（笑）。我想在客美多工作的店員們肯定是這樣討論我的吧：「你們知道那個人吧？就是那個每次來都待很久、喀嘰喀嘰地打電腦、然後都說飲料不用附上花生豆的那個怪人啊。那個人啊，他每次都會把我們停車場的垃圾撿得超級乾淨，真是一個好人耶。看起來還風度翩翩～」

可是有一次，我不小心把撿垃圾用的鐵夾忘在店裡了。當我返回店裡要去取回我的鐵夾的時候，看到鐵夾上面貼了一張小紙條，寫：

「不要花生的人」……

我還以為至少會寫個「幫忙撿垃圾的人」，沒想到我就只是個「不要花生的人」啊（苦笑）。我想真正的意思一定是「很認真地幫我們撿垃圾、讓好事花生的人」，就讓我擅自用正向的方式去解釋吧，反正我也不會跟他們計較，今天也照樣把客美多的停車場清理得一乾二淨囉。

真正精神富足的生活不需要自我犧牲、也不需要硬撐

長崎縣有一間叫做「安徒生」的神奇咖啡店。雖然是主打現場魔術表演的咖啡店，但實際上根本已經超越魔術的範疇，而是超能力了。我第一次看的時候，簡直是嚇死了。有一個叫「充實精神之旅」的旅遊行程就是專程帶大家去看那個表演的，我就是跟著這個行程去長崎遊覽的。

就像前面寫過的，我其實是在精神世界（Spiritual）跟物質世界（Material）之間雙棲的類型。而且，不論是精神主義、還是物質主義，都找得到許多我的知交。再提一次，通常太過傾向於精神主義的人，會給人一種「不夠腳踏實地」的印象。例如，捨棄自己的身體真正需要的食物，而去追求所謂的素食主義這種的。又或者

是另一種人，在自己本業的工作上敷衍了事，對於倡導世界和平的活動卻是拋頭顱灑熱血。而另一方面，我也看過很多人，會因為自己擁有很多的金錢而感到難為情，因此在花錢的行為上自己設下了諸多限制。我在這邊再跟各位說一次，我在書中所講的精神主義，是指涉「享受生活」、「保持愉快過日子」這種，把「精神狀態」作為優先考量的生活方式。雖然說只要做的人本身感受到快樂就好了，但很多時候還是會遇到需要自我犧牲或費力忍耐的情形。

與其遊訪能量景點，不如把自己變成能量景點吧

好，回到正題。在那次的行程當中，要移動到「安徒生」咖啡店的路程會花上一點時間，途中安排在某個被稱作是能量景點的巨石陣稍作停留，是個也是有點精神世界感的景點。其實我通常都感受不到人家所謂的能量景點中的「磁場」，所以就像平常一樣，心情平靜地撿起垃圾。結果，就有一位同行的團員怯生生地來問我：「那個……我從剛剛就一直有點好奇……請問您在做什麼呢？」我說：「我在撿垃圾。我搭了飛機來到長崎、汙染了長崎的空氣才得以來到此地，所以我想應該要知

恩圖報，至少幫長崎的環境變得乾淨一些。」這次我有試著比平常更加謹慎地回答（笑）。

結果他說：「欸？也太～偉大了吧！欸欸我跟你們說，我剛剛就一直在想說這個人到底在做什麼啊，結果他說他在撿垃圾欸。什麼？你說你平常就有在撿、走到哪撿到哪是嗎？」原來我沉默的時候，看起來太超凡脫俗了，甚至有種很難以親近的感覺。不過，畢竟我也是自稱拾荒「仙人」嘛。大家沉浸在體驗能量景點時，我則是自顧自地撿垃圾，沉醉在將自己本人化為一個能量景點的行動之中。

參觀能量景點固然也是一件很棒的事，但我覺得讓自己成為一個能量景點也是一個很棒很愜意的方式。透過撿垃圾來自我整理、調整到最佳狀態。一旦達到最佳狀態，心情就會變得放鬆。只要心情放鬆，就能夠用溫柔的態度去面對任何人。這樣一來自己就是一個行走的人間磁場啦。另外，我前面所說的那段對話模式，其實也已經在各個不同的地點出現過了。

太田市有一片叫做金山、標高二百三十公尺的丘陵地。平日走在這片小丘一帶的話，會遇到的人多半是銀髮族的民眾。很多人手上都拿著登山杖。不過我是拿著長鐵夾。一邊撿垃圾，一邊爬山。這讓我在年紀稍長我一點的大姊姊們之間很受歡迎。

「真是了不起呀，還這麼年輕，就在這邊撿垃圾！」因為歇腳處常常都是最髒亂的，所以我都會停在那邊撿垃圾，結果就會像這樣收到一些彷彿是在搭訕的問候聲（笑）。

撿垃圾就會被視為「好人」的原因

說起來，為什麼撿垃圾就會被人覺得人很好呢？那是因為，我們從小時候受到的教育，都告訴我們：「看到垃圾就要撿起來」、「要維持市容的整潔」所以大多數人都早已被灌輸了「撿垃圾就是做好事」這樣的集體意識。也因此，熱心教育的教育學家和企業管理者們，都非常喜歡跟撿垃圾有關的故事。前幾天在沖繩，我和一位第一次認識的三十幾歲高中男老師參加了同一趟旅行，在旅程中，那個老師看到我在撿垃圾的樣子，似乎大受感動，竟然說要拜我為師、成為了我的徒弟（笑）。還有一位平時在教「壓力管理」、年紀稍長的女性對我說：「我在沖繩的高中有一些講座的課程，可以邀請你來分享一下嗎？撿垃圾這種事情真的很了不起，我也想讓那些年輕的孩子們看看這麼棒的大人。不過因為是學校的關係，出不起太多演講費就是了。但是我記得你之前說過演講費三百三十三日圓就可以了，對吧？」竟然這樣遊說我。一般來說，如果是開給管理層參加的講座課程，我是會收頗高的聽講費，但是因為覺得很有趣，所以不管她跟我開三百三十三日圓還是三十三日圓，我都覺得可以去聊一聊。這不是犧牲自己，而是遇到一個可以快快樂樂地展現自己、屬於「自我表達」的一部分。

以結果來說，撿垃圾可以贏得員工的信任

我所經營的 PRIMAVERA 公司中，有一位優秀的工程師，名叫德留一馬。他真的是個人才，目前已經坐上了 PRIMAVERA「CTO（最高技術總監）」的位置，成為了董事會的一員。PRIMAVERA 開發的日報革命、營運計劃書 Online、實行革命這些程式，都是在他的帶領下，才得以把我腦海中想像出來的東西全部寫成程式碼、變成實用的應用程式。在現在的徵才市場當中，工程師是非常非常搶手的。當然，他也是許多公司不惜開出千萬年薪都想聘請的獵頭對象。然而有一次，我從他口中

聽說了這麼一件事。

某天，他在總公司的辦公室工作，中午休息時間出門、到附近買午餐的時候，在過馬路前看到對面有一個拿著場鐵夾、專心一意地在撿垃圾的人。揉揉眼睛，定睛一看，才發現「是我們公司的吉川董事長。」一直有聽過董事長會在路上撿垃圾的傳聞，但第一次真的親眼目睹還是讓他很感動。然後，德留一馬心理的直覺告訴他：

「年銷售額破四十億、社經地位如此之高的董事長，竟然還願意低頭撿垃圾。跟著這個老闆一定不會錯的。這間公司不會走偏。重點是值得信賴。」自此，他的心意堅定不移。甚至還說：「只要吉川先生還在，我就會一直在這間公司做下去。」

直到現在，他仍是 PRIMAVERA 的「超優質人才」，持續提供非常大的貢獻。有了他開發的程式，PRIMAVERA 能夠獲得的收益，今後搞不好可以達到數億日圓之多。如果說光是撿垃圾，就能得到員工對老闆如此的信任、提高對公司的忠誠度，那我想，這種獲取信用的方法根本就是超級划算，沒有比這更划得來的事了。

代駕司機到處宣傳我的「好老闆事蹟」

疫情爆發前，只要是有喝酒的場合我都會請代駕司機。在群馬，大家都開車移動，所以我都是開到吃飯的地方，喝了酒之後就會打給代客駕駛的公司，請他們載我回家。話說有一天，我從東京搭了新幹線前往琦玉縣熊谷站，在車上就打給了代駕的公司。接電話的老闆跟我說：「今天星期五，路上很塞，可能要等個三十分鐘喔。」我說：「好的。」隨後抵達了熊谷站，我心想：「啊，那這段時間就沒事做了。」於是就以那台停在車站前停車場、我當時的愛車阿爾法為起點，拿出了撿垃圾用的鐵夾和垃圾袋，在一個深夜十一點的時刻醉醺醺地開始撿起熊谷車站停車場的垃圾。因為站前的停車場沒有人管理，因此很容易就會髒亂得無法無天。也是一個撿垃圾的朝聖之處。其垃圾之多，是會讓人大呼「無奇不有」的程度。似乎有很多人就連讓一點垃圾坐自己的車都不願意、更不願意帶他們回家，就隨便亂丟在停車場。

後來，在我撿了五十分鐘的垃圾之後，代駕司機終於到了。我是後來才聽說，這位司機先生，當時簡直害怕得不成人形。「PRIMAVERA 公司是我們公司最重要的客戶（疫情前敝社舉行飲酒會的頻率相當高，而且幾乎全公司的職員都會請這間代駕公司服務）。我們老闆當時在電話裡誇口說三十分鐘就會到，但是我到的時候，那通電話都已經是一個小時前的事了。我想一定會被臭罵一頓……」

那個時候，當他終於抵達我的阿爾法所在位置的時候，發現竟然只有大燈亮著，人卻不在現場。循著車燈看過去，才看到穿著西裝的我正撿垃圾撿得超投入。後來我從職員那裡聽來的說法是，司機先生說，在他看到我的那個瞬間，「真的是感動得快哭出來了。」本來心裡怕得要命，已經在想會聽到多難聽的話、或是被一句：「再也不會找你們這間代駕了！」直接列為拒絕往來戶，結果這位大老闆客戶卻一臉開心地在撿垃圾。而且，雙方終於照面的那一刻，竟然還笑著說：「啊啊，司機先生，多虧你遲到……你看你看，我撿了整整三袋的垃圾耶。」完全沒有因為遲到而責罵他。據說他對我的感想是這樣的：「天啊，這個人……是一個多麼大器又了不起的老闆啊。」

結果，這位代駕的司機先生，據說後來就成為了我的傳道者，真是感激不盡。

之後只要有PRIMAVERA的員工找代駕，就會聊起：「你們公司的老闆真的是個很不得了的人。上次我去熊谷車站幫你們老闆服務時候啊……」我的小故事都被他擅自講給員工聽了。或許也是這種小故事發揮了效果，托大家的福，我們才能夠成為一間正職員工一百一十人、正職員工年平均離職率卻只有1%（整骨院事業部除外，較多人因考取國家證照而轉職），員工滿意度非常之高的公司。

撿垃圾可以鬆動自己先入為主的概念

在群馬縣的波上町，有一間叫做月夜野菌菇園的企業。這間公司的老闆金子崇範有一陣子會對我說：「我總覺得，吉川你最近看起來越來越像個天使了」（笑）大概是因為撿垃圾的習慣，讓我本人變得越來越真誠坦率、天真爛漫又無邪的關係吧。也就是所謂的「反璞歸真」。順帶一提，我也是真的會穿天使的兜襠布[18]，某部分也有可能是因為這點吧。

18 天使のふんどし：一種布料較緊較少的男性護襠。

撿垃圾的時候，可以如入無人之境。暫停腦內的思考、完全地放空。如此一來，感受力反而會變得敏銳。我發覺，拋棄腦海中多餘的思考、集中精神去感覺，就能夠啟動第六感。這種感覺有不同的說法，一般會被大家稱作「內心的聲音」、「靈感」或是「天啟」等等。用比較精神主義的詞彙來說，就是感覺可以聽見來自高維度自我（Higher Self）的聲音。也有的人會使用「人神合一」這樣的說法。

漸漸地掌握住和高維自我連上線的感覺後，自己原本擁有的一些先入為主的觀念便會逐漸變得渺小，甚至會開始覺得先前被困在這些概念裡的自己顯得有點滑稽可笑。所以，這些僵化的觀念就會一點一點地開始鬆動。在這邊順便提一下，要卸下自己先入為主的概念，首先要去「察覺到」埋藏在自己潛意識最深處的這些刻板印象。只要能夠察覺到它們，就能夠以更客觀的角度去看待那些事情。之後再看是要把它留著，還是想要把這種束縛自己的刻板印象做一些鬆動和調整都可以、或者是直接去除掉也可以。撿垃圾的時候，會很常出現那種發覺自己固化觀念的時刻。被說「看起來像個天使」，該不會是在說「我覺得你好像和更高維度的自己融合了」也有這個可能性。

撿垃圾作為一種信賴感，直接連結到商務上的經驗

前陣子，有一位其他公司的執行長來找我，他說：「我想把公司賣給你。」我和那位執行長面對面聊了將近三小時。當中98％都是他在講話，我只講了2％，一個勁地在聽他講和回應他。他的公司是一間很優質的公司，想併購的企業應該不少。但是「只因為我很認真地聽，讓那位老闆可以很輕鬆愉快地說」，真的只因為這樣，就足以讓他說出「以後麻煩PRIMAVERA多多照顧了」。我想應該是他先前就有在網站上看到我把撿垃圾當成興趣、覺得「吉川董事長的人品（看起來）真是高尚」，實際見到本人後，也覺得「真的是個很不錯的人」，才做出這個決定的。光憑一個撿垃圾的習慣，就能讓我得到一間年營業額八億日圓的優良企業的獨佔交涉權，這豈不是太棒了嗎。

另一次，我去敝社併購的一間位於茨城縣筑波市的企業拜訪，第一次見到了老闆娘兼專任秘書。「那個……有一件事情我實～在很想問，吉川董事長，請問你的後背包上插著的那根棒子到底是什麼呢？」那位專任秘書老闆娘看到我的後背包，

便這樣問我。「啊，您說這個嗎？這個是用來撿垃圾的垃圾夾。我用這個鐵夾來幫助全日本和全世界維持整潔。今天我也有提早一點來到貴公司，把貴公司的周遭清潔了一遍喔。」我回覆道。我想，之後他們家一定會出現這樣的對話：「孩子的爸，把我們公司交給那位董事長真是個正確的選擇。明明營收那麼高，卻還會去撿垃圾的人，世界上根本看不到幾個吧。如果是他的話，感覺是一個可以放心託付我們家員工的人呢。」在餐桌上一起吃飯的時候，可能會聊起這個吧（笑）。

光是撿垃圾這個件事就能夠給人一種「好人」的印象。撿垃圾這個行為本身就代表著一種「信賴感」，能夠神奇地讓商務上的交涉更加平穩順利。

維持撿垃圾的習慣，光是自己的存在就能影響別人

在我狂妄地一心想成為「傳奇企業家」的那段時期，我滿腦子都在思考該用什麼方法才能夠在職員們的心中永垂不朽。感覺自己肩上扛著一種應該要「傳達某些信念」、要產生影響力的重擔。在一年一度的經營計畫書發表會上，我就會盡我所能地扮演一個極具領袖魅力的企業領導人，拿出我所有的演說技巧、慷慨激昂地講

一些能夠激起職員們滿腔熱血的言論。

但當我開始撿垃圾、在營運管理上的心態開始放鬆了之後，我開始認為應該要見面聊天、一同工作，透過「我的言語和行動」，也就是言行舉止來對其他人產生影響力。「跟吉川先生一起喝酒、聽吉川先生掏心掏肺地敘述自己在職場跟家裡各種辛苦的情況，就讓我打消了離職的念頭。」有幾個職員都曾這麼對我說過。甚至也常聽到成人片製造商的業務誇我說：「竟然會為了準備開張的新店鋪而在現場和兼職員工一起弄得滿身都是灰塵，會做出這種事情的影音店老闆，真的就只有吉川先生而已。」

而現在來說，我撿垃圾的經驗越多，就越覺得應該不要刻意花力氣、如果能靠著「自己的存在」自然而然地對人們產生影響就太好了。與其費盡心力地想要去「提供價值」，不如輕鬆一點，像開花爺爺那樣「散播價值」。

我要成為的是一個，讓別人只因為有我在，就能得到力量、就能感到安心、完全放心信任的那種人。在撿了一百萬個垃圾的過程中，我開始希望自己能把肩上不必要的重擔放下來、成為那種自然地散發出絕佳好心情給大家的人，如果能做到就太棒了。我不知道對別人來說，看到我在撿垃圾的模樣會是一種什麼樣的感覺。但是，我想應該或多或少都能從中感受到一點點像是「誠意」這樣的東西吧。會知道「這個人不是那種裝模作樣的人」、或是「這個人不會說一套做一套呢」。我心裡是有稍微覺得說，如果能讓大家這樣想的話，我會很開心。但如果是強烈地「希望大家這樣想」的話，就又太過自我中心，會變成去期待別人滿足自己，那樣的話壓迫感就太強烈了。

經營管理的最終極目標，就是透過自己的存在去感化別人。撿垃圾這件事，或許就具有一種能讓自己的存在感化許多人的魔力。

撿垃圾，讓你提升自我肯定感♪

最愛把「好可愛」掛在嘴邊

我最喜歡我自己了。寫出這種話，在過去的時代，大概會被覺得說：「嗚哇！也太自戀了吧」、「好噁」遭受強烈的噓聲和反彈吧。但是最近，自我肯定這類的詞語蔚為風潮，我感覺似乎有越來越多人開始理解愛自己的重要性了。不過，我在自己家裡還是受到不小的抨擊（苦笑）。有一次小女兒問我說：「爸爸，你最愛的人是誰呢？」我就很誠實地回答她：「愛里是第二名、媽媽是第三名、第一名當然絕對是小秀秀啦。」結果她就生氣了，似乎是很不甘心。我在我家的自稱是「小秀秀」。這點聽在外人耳裡，大概也是會讓人退避三舍吧。

在我們公司，有一本叫做指標性用語集的辭典。裡面編列了我所定義的、我認為對於打造成果非凡的公司、以及讓大家都能得到幸福這兩個目標來說非常重要的一〇四八的詞語。這本用語解說集的用途其實是讓員工們在研討會上拿出來討論，而近年來，討論度最高的是「可愛」這個詞的解釋。這個詞，同時也是我最愛掛在嘴上的一個口頭禪。它在我們的指標性用語集裡面，定義如下：

「可愛……是一個最高等級的形容詞。它的意思是：『把愛視為一種可能』。比方說看到失敗的下屬，覺得『好可愛』；碰上因為一點小事就發火的上司，覺得『好可愛』。去承認別人可愛的部分，也會讓自己的可愛得到別人的認同。」

解釋是由形容詞和副詞所組成的

人要怎麼做才能得到幸福呢？我追求人類的幸福和宇宙的真理已經十八年了，目前我的結論是，首先最重要的，必須先認知到「幸福就是保持心情愉悅」這件事。心靈處在愉悅的絕佳狀態，就是幸福。那麼，要怎麼做才能保持非常愉悅的心情呢？那就必須認知到，自己所生活的世界是靠自己創造出來的。我再重申一次，這個世界上所有發生的事情、存在的狀況、物品、人物全都是沒有絕對的好壞之分的。那些所謂的正面或負面的事情、狀況、都是人類擅自加上的解釋，因此也才會創造出「每個人眼中各自不同的」世界。也就是說，即便發生了同樣的事情，能夠用快樂的眼光去看待的人，就能夠創造出專屬於自己的快樂的世界；用被害者的心態去看待的人，就會創造出屬於自己的被害者的世界。要創造一個快樂的世界，其實就只需要給萬物一個快樂的解釋；**要創造一個充滿愛的世界，就只需要給萬物一個可愛的解釋就可以了。**

針對這一點，我可以用名詞和形容詞之間的關係來解釋。只要是名詞，就能量的觀點來說，是完全沒有正面和負面之分的。「撿垃圾的行為」這個名詞，或是「吉川充秀」這個名字，又或者是「德蕾莎修女」這麼偉大的人的名字也一樣，都只是一個名詞而已。然後我們會再給這些名詞貼上一些詞語來解釋它。像是：「撿垃圾是一件好事」、「吉川充秀是一個怪人」、「德蕾莎修女是一個很有愛的人，很偉大」。

實際上，解釋就是由形容詞和副詞構築起來的。比如「好」、「怪」、「很有愛」、「很偉大」、「很棒」。也就是說，我發現要創造出讓自己心情愉悅的世界，只需要改變形容詞和副詞就可以了。這是在我針對幸福的研究進行到大約第十三年的年底，某次撿垃圾的時候得出的一個結論。

指標性用語集裡收錄「可愛」的頁面

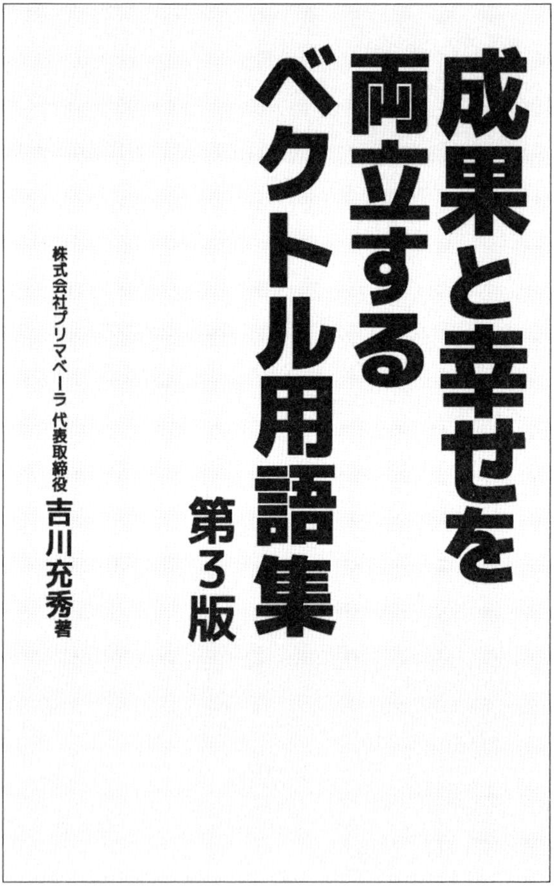

【可愛】　新語　　看全部　行動篇　人生全

是一個最高等級的形容詞。它的意思是：『把愛視為一種可能』。
比方說看到失敗的下屬，覺得『好可愛』；碰上因為一點小事就發火的上司，覺得『好可愛』。
去承認別人可愛的部分，也會讓自己的可愛得到別人的認同。

是一個最高等級的形容詞。它的意思是：『把愛視為一種可能』。比方說看到失敗的下屬，覺得『好可愛』；碰上因為一點小事就發火的上司，覺得『好可愛』。去承認別人可愛的部分，也會讓自己的可愛得到別人的認同。

只要說「好可愛」世界就會變得好可愛

在精神指導的業界，很常告訴學員們說：「不論發生什麼事，都要記得說謝謝、記得說我愛你。」我自己也是過不少次，但這樣的慣用語（口頭禪）實在不是長久之計。舉例來說，如果執行長對自家公司的女員工說出「我愛你」這樣的口頭禪，馬上就會被舉發職場性騷擾、直接按勞基法移送監察院了。所以說，「我愛你」這種口頭禪是一個不切實際的方法，對於過著一般平凡人生活的人來說，在實際執行上其實都是很困難的。我絞盡腦汁終於想出來的結果，就是把含有「愛」這個字的「可愛」這個詞掛在嘴上不斷地講。然後我還試著把這個形容詞用在我周遭的一切人事物身上。從此以後，一個「可愛的、充滿愛的」世界就這樣出現在我的眼前了。

小孩子的笑容當然是「很可愛」、在運動會上感到緊張的樣子也「很可愛」、太太兩手手臂上的蝴蝶袖、還有她很在意的眼睛下面的肝斑也都「很可愛」、四十多歲的男員工吃了太多拉麵得了糖尿病，就算是這樣也還是「唉呀，不過很可愛」、被稱為中小企業經營管理之神的、武藏野公司的小山昇董事長發表了一場熱血沸騰的演說，「好厲害，可是也好可愛」、在電視上看到以扮醜當作賣點的女性藝人贏得了觀眾的笑聲，「好可愛」。

用「好可愛」來形容自己的話，自己所處的世界、自己的宇宙也會變得截然不同。把「好可愛」當作口頭禪，不論在面對「沒有正面與負面之分的事情」還是「乍看之下不太好的事情」的時候，一概都能說出「好可愛」，就會形成一個很可愛的世界。

對自己說「好可愛」吧

那麼，「好可愛」這句話，對什麼樣的對象說出來效果才是對好的呢？答案無他，**正是自己本人**。雖然不知道是不是真的，但據傳佛陀曾說過：「世上並不存在與自身同等的可愛」不僅如此，據說昭和時代的知名企業家松下幸之助晚年的時候，也時常摸著自己的頭，誇自己說：「了不起、了不起。」

有一次，PRIMAVERA的培訓教育事業負責人松田幸之助先生（跟松下幸之助就只差一個字！不過這是他的假名，為了利於品牌發展的因素而改用這個名字）問了我一個問題：「吉川哥，我在想啊，我們每天都要花三分鐘刮鬍子，而且從今往後的一輩子，刮一萬天鬍子的話就要花掉三萬分鐘、也就是五百個小時對吧？那不是很浪費時間嗎？所以啊，我想去把鬍子這邊做個永久除毛，你覺得怎麼樣？」而我是這樣回答他的：

「我會善用刮鬍子的這段時間，睜大眼睛好好看著鏡子裡的自己喔。一邊想著：『吉川充秀啊，小秀秀啊，你怎麼會這麼可愛呢？』一邊看著自己。如果去做永久除毛的話，就會失去這段覺察自己的可愛的時間呢，所以我自己是不會去做啦～」松田得到了這個超乎想像的回答，似乎受到了不小的衝擊。不過，我是真的會一邊稱讚自己「好可愛」，一邊刮鬍子的喔。孩子們會在旁邊大合唱「好噁心～」，太太則是會一副拿我沒輒的樣子說：「好啦好啦，這個人又開始了。」但是，這都沒有關係。我**只為自己而活，在不給別人添麻煩的前提下愛著自己，就只是這樣快樂**

的生活著而已（笑）。

把自己的第一人稱替換成暱稱

我會叫自己「小秀秀」，也就是一種「暱稱」。不覺得這就是個很有愛很親暱的小名嗎？說得極端一點，光是自稱「俺[19]」還是自稱「小秀秀」這個區別，就足以改變人生。如果用「俺」這種自稱，一般來說就會給人一種很在意別人的目光或自己的形象、自我意識很強的印象。如果用「小秀秀」來自稱的話，「不在意別人的目光、有點瘋瘋癲癲的人。不過大概是真的非常喜歡自己呢。」應該就會變成給人這樣的感覺吧？這邊最重要的概念是，**要找個能夠讓自己更愛自己的名字來稱呼自己**。

我敬愛的銀座MARUKAN創辦人齋藤一人先生，也是稱自己為「一人先生」。我聽到他這麼說的時候，就覺得這個自稱實在非常棒，不禁會心一笑。由這一點就

19 俺：這邊是指較常用於平輩對象之間的男性自稱詞。

可以知道他一定很讚賞自己、覺得自己很可愛。我在公司內的讀書會，常常都會使用「吉川先生」作為自己的第一人稱。把自己稱作「敝人在下不才我」這種謙遜的態度固然也很好，但我是覺得尊敬自己的生活態度也很棒。所以，我都會潛移默化地對自家員工們傳達這樣的訊息：「試著多誇獎自己一點、多讚賞自己一點好不好呀？」

什麼是 I love myself♪？

有在 Chatwork 上和我聯繫的人，可能都會有點驚訝。我的名字旁邊的心情語錄寫的是「I love myself♪我要成為全宇宙第一」。大多數人就算看到了也會有所顧忌，不會對我說什麼，但有一個年輕英俊又優秀的經營者——就是 TOSEKI 公司的執行長柳慎太郎，卻傳了這樣的訊息給我。

「I love myself♪我要成為全宇宙第一是怎麼回事？放這麼變態的心情語錄是什麼意思？」於是，我的說明如下：「就是說我很愛自己的意思。I love myself♪的重點就在於此，也就是我不會介意 you 還是 he 還是 she 還是 they 是怎麼想的。也就是為自己而活，活出一個自己熱愛自己的態度。這樣的話，也許會得到至高無上的快樂喔♪也許這樣就會變成一個『很愜意又很棒的人』呢♪」在這個時間點，柳總裁對我的話似乎已經理解了一半。

接著，在這段對話經過了幾天，我見到了柳總裁的時候，他說：

「吉川先生，你的那句 I love myself♪的涵義真的好深刻啊！我到後來才發現，這句話根本就是世界上最重要的一句話吧。我作為企業第三代，從小就被當儲備執行長養大，從很小的時期就開始學會注意周遭的目光，還受到很多限制，總是做這個也不行、做那個也會被罵。至今我所做的一切，都是為了讓父母、員工或其他人能夠多喜歡我一點。但是，I love myself♪就是這個！只要活出一個自己熱愛自己的態度就可以了對吧！吉川先生，這句話可以借我拿去用嗎？」

這就是好好一個理性又俊秀、有才華的柳總裁，終於走向瘋狂的歷史性的一刻（笑）。

I love myself♪的原點就是撿垃圾

柳總裁也是一介企業領導人，因此要說的話應該是比較偏向Material（物質主義、唯物論）那一邊的人。但我真的非常開心他能夠發現到「I love myself♪」這句話的重要性。我想，他是因為早就知道我是一個鑽研幸福的專家，而且從幾年前就有在買我的「心動人生～笑容滿面、活力滿點系列講座」DVD等商品，才得以體認到這句話的深刻之處。畢竟如果是一個普通的大叔，在那邊滿口什麼「I love myself♪」啦、「好可愛」啦、什麼「小秀秀」的，那就真的只是個神經病而已嘛。

那麼我又是怎麼察覺到I love myself♪這個真理的呢？那就是透過撿垃圾。「群馬縣太田市的人口數有二十二點三萬。但是我卻沒有看過有其他人會在政府的環境整潔作戰、或是公司的淨灘淨山志願活動以外的時間，還每天自動自發、只要有空就把垃圾撿起來的。所以，在這二十二點三萬人當中，擁有最『偉大』、最『值得敬佩』的胸懷的人，該不會就是我吧！如果我是神的話，會怎麼辦呢？會表揚誰、把『好事發生』這樣的禮物送給誰呢？那個人絕對是我啊！過著受神明眷顧的生活的人，就是我啊！」我維持著撿垃圾習慣的這段期間，漸漸地開始確信這件事。

至今我撿垃圾已經撿了八年，遇見過各式各樣的人。路上多的是慢跑的人、遛狗的人、或是一起散步的夫妻。但是每天都拿著鐵夾在鎮上撿垃圾、為了這個珍貴又可愛的世界、為了人類付出而走在路上的人，除了我以外再也找不到第二個了。於是，我便擁有了「絕對的自信」。我認為「我就是讓人為之瘋狂的、最令人喜愛的存在」。

撿垃圾的時候，就能回到「I love myself♪」的狀態

我前面的說法，或許會讓一些人覺得說「這樣覺得自己是特別的，不也是一種比較嗎？比較是不好的。」其實沒有關係的。因為要由比較入門，才能進到自我實現、表達自我的世界。首先要從在某件事上成為 number one，接下來才能去追求 only one。探究其原因，就要說到我們在學校所受的教育、甚至是出社會所受到的教育，都充滿著比較、都在我們身上烙印下一種很強烈的價值觀：假如做不到「相對

的」最好，就不會被別人誇獎。所以我們就要反過來借力使力，從相對性的觀念上著手，再進入到絕對性的層次。

I love myself♪就是絕對性的世界。在這三個短短的單字之中，沒有包含自己以外的任何東西。自己愛上自己。反過來說，就是變成自己最愛的樣子。更進一步解釋，就是活成能夠讓自己熱愛的樣子。甚至說這就是掌握幸福所需的全部也不過份。就理論而言，**靠自己創造出自己的世界，不論外面的世界出現了什麼狀況、發生了什麼事情，因為我們只愛著自己、就沒有什麼能夠剝奪我們的絕佳狀態。**

即便如此，在人生中，還是會發生很多讓我們感到波瀾起伏的事情。正因為如此，才要不斷回過頭來繼續撿垃圾。那麼，就又可以感受到撿垃圾的自己「好偉大」；可以很自然地覺得自己做這種連一塊錢也拿不到的事情「好可愛」。於是，我們就可以回到「自己最愛的自己」，從而找回幸福與快樂。我的日常總是重複著這樣的事情。

構成自信的三個要素

我嘗試過很多的習慣。在養成撿垃圾的習慣之前，我覺得最棒的習慣是打掃廁所。有很多所謂的「成功人士」，都有打掃廁所的習慣。之前還流行過一首叫做「廁所之神」的歌呢。像我最崇拜的小林正觀，也說明過非常多掃廁所帶來的功效。其中之一就是可以治療憂鬱症。憂鬱症的起因是自信心的缺乏，**而自信心又是什麼呢？那就是自我肯定感×自我效能感×自我有用感這三者相乘的結果**。自我肯定感，就是讓自己做回最原本的樣子，「喜歡自己」、認可自己的意思。自我效能感，簡單來說就是認知到自己「做到了」、「我有能力做到」的事實。自我貢獻感則是知道自己對某人某事而言「是有用處的」。

瑜伽、掃廁所和撿垃圾，放在一起比一比？

我這邊試著在各種習慣當中舉出三個例子。比如說如果想要調整自己的身心，有人會習慣做瑜伽。做瑜伽的時候，需要專注在自己的身體和呼吸上，會排除思緒、也就是說比較容易屏除雜念。據說在這樣關注自己的時刻，會比較容易產生出「做自己就很好」這樣的自我肯定感。再者，參與瑜伽的課程，也會在「自己能夠堅持下去」這一點上面，得到些許的自我效能感。但是，做瑜伽這個行為本身，並不具有任何對別人來說有用處的要素。

再來我們看看掃廁所。專心一意的掃廁所，也可以遁入空無的境界。這時候，雜念就沒有了，能夠專注感受，也更容易接受到原本的自己。而且和瑜伽不同，可以產生很自豪的感覺：「掃廁所就是把髒的地方清理乾淨，我掃廁所我真棒。」我想應該可以得到比做瑜伽更高的自我肯定感。而且掃廁所也會讓人感覺神清氣爽、覺得自己「做到了」，可以產生自我效能感。最後是自我有用感，畢竟掃的是自己家裡的廁所，應該或多或少都會覺得自己為家人進了一份心力。假如掃的不是自己家的廁所，那便會得到更大的自我有用感。話雖如此，實際上要打掃自家以外的廁所，是難度非常高的一件事。

最後就來說說撿垃圾吧。撿垃圾的話，自我肯定感就會像這樣：「群馬縣太田

慢跑、瑜伽、打掃廁所
都拿來和撿垃圾比一比比

	自我肯定感	自己效能感	自己有用感
慢跑	○	○	×
瑜伽	◎	○	×
打掃廁所	◎	○	△
撿垃圾	◎	◎	◎

市裡面找不到第二個像我一樣愛撿垃圾的人了。我真厲害！」、「做這種事連一塊錢也賺不到，我卻像個傻瓜一樣整天撿垃圾，我真是太可愛了！」整個大爆發。順帶一提，要讓自己變得可愛的其中一個秘訣就是：「去做那種得不到任何回報的傻事」而撿垃圾就正是如此呀。

再來，「人家都說日行一善，我今天可是撿了一百個垃圾呢。別說日行一善了，我簡直是日行百善。」比起掃一次廁所來說，撿到的垃圾數量更能輕易帶來好幾倍的自我效能感。還有，不論是自己家門口的垃圾、還是完全不認識的陌生人掉在地上的垃圾都一樣照撿不誤，把馬路和市街都變得更整潔，知道自己對世界、對人類有貢獻，便可以獲得極高的自我有用感。再加上，就連被別人誇獎稱讚的機會也會提升，比起自己一個人關在廁所裡打掃，顯然更容易產生自我有用感。最後更不用說，撿垃圾這件事情只需要一個袋子就可以開始做了，有一把長夾就能更輕鬆地做到。日常生活中隨時都可以做、只要想到就能很輕易做到的習慣，就是撿垃圾。

撿垃圾是最讚的習慣

我再說一次，我想要告訴各位的就是，撿垃圾就是最讚的一種習慣，大家是否感受到了呢？**可以最大限度地提升自我肯定感、自我效能感和自我有用感，撿垃圾就是一個讓我們能夠對世界、對人類有貢獻、產生自信、變得非常愛自己的習慣。**

還有一點，就是掃廁所是在室內進行的行動，而撿垃圾則是沐浴在太陽底下進行的。沐浴在日光下，就能夠得到能量，這一點對於心理接近生病狀態的人來說也有很好的效果。

一開始，明明我們只需要很簡單地相信「喜愛自己」這個想法就可以了，但是在金字塔型社會中長大成人的我們，對於沒有「根據」、沒有「證據」的事情總是難以相信，頭腦裡面已經被建構了一個複雜的概念結構。所以我們才要用「今天撿了三百個垃圾，這個月我總共撿了十七天，算起來一年就撿了四萬五千個」這種累積實例的方式，提升自我效能感。接著，便能夠開始喜歡上「做得到這麼多」的自己。

還有，「要為世界、為世人有所貢獻」這種觀念，是大多數人從小就被灌輸、深植心中的價值觀。正因如此，發揮自我有用感、靠自己做到一些對別人有幫助的事情、實際感受到自己對社會有所貢獻才這麼地重要。

養成撿垃圾的習慣，可以提升自我肯定感、自我效能感和自我有用感。那麼就不需要再去比較，得以進入「最喜歡這樣的自己」、「I love myself♪」的世界裡。這就是撿垃圾這件事對自己的人生所施展的正向吸引力。

撿垃圾，
讓你更容易夢想成真♪

撿垃圾，就可以金榜題名？

假設我是一名私立國中的面試官。遇見了以下幾種考生：其中一位練了六年的體育，甚至在全縣賽事中進入前八強。而另一位學生是這樣的，雖然沒有特別訓練什麼體育項目，但在小學六年間，他每天上下學時都沿路撿垃圾。如果是我的話，雖然也會讓積極練體育的學生及格通過，但我個人來說，一定是會讓每天不斷撿垃圾、心地善良的學生排在最優先順位通過的。

絕大多數忙著規劃升學考試的家長都會這麼想：「那間私立國中很注重英語教育，所以你小學六。因為聽說通過英文檢定對於入學考試來說滿加分的。」這就是一種衡量損益得失的機制。不是因為孩子想學、或是學得有成就感而將心力投注在英語學習上，而是為了通過升學考試而逼孩子學英語。我身為三個孩子的爸，這種心情我也是非常能夠切身體會（苦笑）。

那麼，說到撿垃圾呢？一般來說，撿垃圾和損益得失完全扯不上關係。例如，看到孩子六年間的學習評量，每一年導師都會寫到誇獎他撿垃圾的事情。那麼家長才會知道說：「原來這孩子真的每天上學、放學途中都會沿路撿垃圾呀。」當然也很有可能是抱著一點「為了考上好學校」的希望而去做的，但儘管如此，應該不可能只因為這個就原因足以讓他堅持六年吧？

再說，撿垃圾這件事，並不像英檢、課業或體育成績那樣，擁有各種多采多姿的學習環境。即便如此卻還是努力累積這種「陰德」的孩子，正是他心中那份善良的美德打中了面試官的心。

更有甚者，不論是課業或是體育，都是為了自己而去做的。並沒有貢獻社會的性質。而撿垃圾呢？雖然最終是能整頓自己內心、使自己心情愉悅的行為，但大多數人並不這麼認為。因為他們本身在撿垃圾這件事情上並沒有持續下去的經驗，因此無法理解它的本質。所以或許大多數的大人們都會認為：「這孩子六年間都在做著撿垃圾這樣對社會有貢獻的活動。」而給予最高級的讚賞與肯定呢。我再提一次，作為教育家、經營者的人，對於是非善惡這樣的倫理觀念會比一般人還要重一倍，他們對一直有在進行這種社會貢獻活動的人，也會有特別高的評價。所以也可以說，撿垃圾的經驗對於考試、面試都是有幫助的吧。

把撿垃圾視為一種個人形象經營也OK

但是，假設我是考生的話又會是如何呢？我打從骨子裡就是一個商人。商人不計較損益得失是活不下去的（笑）。所以我一方面也是為了經營個人形象、為了包裝自己，不斷地撿垃圾，並宣揚自己的事跡（笑）。為了能夠拿出證據，所以我會在自己的Instagram、Twitter還有撿垃圾專用軟件「霹靂卡」上貼文、或者利用像Excel之類的表單工具記錄下每天撿到的垃圾。透過這些就能夠留下證明。只要記錄下來，在接受面試的時候，如果被問到：「你在學生時期最盡力去做的一件事是什麼呢？」我就可以用這些紀錄做背書，抬頭挺胸地回答說：「撿垃圾。」

「會撿垃圾的人＝好孩子（好人）」這是很多人都有的既定印象。在教育家、經營者眼中則更是如此。反之，「假如不是個好孩子（好人）的話，怎麼可能維持撿垃圾這種習慣」大部分人也都是這麼想的。反過來把這個看法拿來用的話，也就間接地用撿垃圾這件事建立了個人的良好形象。

我自己一直都打著「拾荒仙人」的這面招牌。遞出名片的時候還會跟別人說：

「我的興趣是撿垃圾哦♪你看我這邊的職稱，是不是寫著擔任PRIMAVERA（股）的CGO？意思就是Chief Gomihiroi Officer，也就是說，我是最高撿垃圾負責人喔。」然後通常對方不是稱讚就是表達敬佩之意。就像我前面提過的，光靠撿垃圾就足以建立信賴關係，讓商談更為順利。我想說的是，**就算是為了利益才去撿垃圾也無妨**！就是這樣。開始撿垃圾的契機不論是什麼都無所謂。就算是動機不純也沒關係（笑）。

高中棒球隊隊員為什麼也要撿垃圾？

大聯盟的選手大谷翔平也曾經因為撿垃圾在美國蔚為話題、登上了新聞版面，廣受讚許。查了一下，發現他好像從還在花卷東高中念書的時候就已經有在撿垃圾了。那麼，知名高中棒球隊的選手，為什麼會去撿垃圾呢？其實不論是高中棒球還是企業家，某種程度都是生活在輸贏的世界。雖然自己和隊友們都很努力，但是周遭所有的對手們也都在進行著同等的努力。所以，想要光靠努力的差距來獲得勝利的結果就變得不太容易。於是便會進行一些向天神尋求眷顧的舉動。其中一個，就是「撿垃圾」。

客觀地想一想就能明白箇中道理。請各位想像一下，假如自己是勝利女神的話，現在有兩支同樣非常努力練習的高中棒球隊在你眼前，你會比較想對哪一支隊伍微笑呢？恐怕也是不知道該怎麼選擇吧，所以還是只好讓他們「直接在賽場上見真章、一決勝負吧」就交給運氣去決定結局。但是，假設其中一隊的選手，每個人的三年高中生涯中，都不斷地把學校周遭的垃圾撿乾淨，那又怎麼說呢？作為勝利女神的各位，難道不會想要稍微地偏袒一下每天撿垃圾的這支隊伍嗎？如果我是高中的棒球隊教練的話，一定會對他們說這種故事，勸隊員們去撿垃圾（笑）。我會從機會成本的概念出發，「撿垃圾，就是把掉在地上的運氣拿起來。那麼，最後就會把夢想拿回手中。」這樣去說服他們。就算一開始撿得心不甘情不願也沒有關係。不過，如果把撿垃圾的習慣堅持下去，自己的心理會產生非常具體的變化。就是說，我前面寫到的、撿垃圾所帶來的正向吸引力將會一一降臨，並且自身也會變得更容易感受到這一點。

假如我是一個政治家

我家附近就住著一位市議員。本人俐落大方、說話也很清晰快速、是一位很棒的議員。有一次，我女兒就讀的小學舉辦運動會，那位議員看到我拿著垃圾夾在校園內撿垃圾，似乎大受感動，甚至對我發出邀約：「哎呀~真是太了不起了！吉川先生，下次請務必讓我跟你一起撿垃圾好嗎？」但對方在那之後就從來沒有跟我說過話，所以一直到六年後的今天，我還是沒有跟那位議員一起撿過垃圾。雖然說我在該議員的辦事處周遭應該已經撿過至少一百次垃圾了（苦笑）。

我就在想，假設我自己就是一個政治人物，我會怎麼做呢？如果是我的話，肯定是只要有空就會去撿垃圾的。假如我是個市議員，那我在走進餐飲店或商店之前，就會去把店面附近或停車場的垃圾撿一撿。然後才走進店裡，填飽肚子後再向老闆致意：「我是市議員吉川充秀，今天的食物都非常美味呢。啊，我會在Google Map上幫你們留個好評的。還有，因為我平時喜歡撿垃圾，所以就擅自把貴店附近的垃圾都撿起來了。」說完，大大方方地讓他看一下塑膠袋裡的垃圾，最後留下名片後離開。絕大多數的餐飲業或商家老闆應該都會很感謝地這樣想：「竟然會有市議員來幫我們這種小店撿附近的垃圾……」實際看到我在路上撿垃圾的模樣，就會成為我的支持者了吧？

可惜的是，許多人心底都有這樣的既定印象：「政治人物都只是為了私人的欲望和利益在做事，很多都被權力給害死了。」但是一方面，大家又會用「只有我支持的那一位不會像其他人那樣。」的想法去抹除那個既定印象，這些國民、市民們才會交出信任、投下選票。那假如說，有個市議員或是國會議員，每天都帶著垃圾夾和垃圾袋走在路上、走路的時候都一邊撿垃圾的話會怎麼樣呢？假設他在造勢時也不拿麥克風、而是拿著撿垃圾的鐵夾呢？那麼選民們豈不是一眼就能明白他真的是一個為了世界、為了人民盡心盡力做事的人了嗎？

以市議員來說，任期是四年，在這段期間內一定都會去到餐館、學校、活動中心或公園這些地方。假設去了一千個地方，以平均一百人來計算的話，見證自己撿垃圾模樣的民眾就會多達十萬人。抓住中間選民的心，不就能以第一高票之姿當選了嗎？

我家附近有一家得過國家級「某某大賞」肯定、被表揚過得很棒的高級訂做服飾店。某天，我像平常一樣在那間店前面撿垃圾，結果那間洋服店裡有個應該是那位時尚教主設計師的親戚的人抓住了我說：「你是政客嗎？啊不是啦，我看你在撿垃圾，就以為你是某個政治人物。」接著他稱讚了我撿垃圾的行為之後，又跟我講了一對八卦和自己公司的話題，我就這樣聽他聊了大概十五分鐘左右（苦笑）。撿垃圾的時候，因為心靈是非常豐富的，心情上也是非常隨遇而安、輕鬆愜意的，因此我才能開心地享受這種偶然的緣分。

「我有時候也會去撿垃圾喔。」也是有議員會這麼說。但是，徹底做到讓別人看了會覺得有點不正常、以這種程度的熱血在撿垃圾的議員我倒是從沒見過。我又再一次地這麼想：你們議員老是愛把「為了國民」這種口號掛在嘴邊，何不親自把垃圾撿一撿呢？世界上最值得信賴的人，就是說到做到的人。平時口號「說」得那麼振振有詞，那平常就更要用「做」去證明那些話。「連腳邊的一個紙屑都不撿的人，成得了什麼事？」我認為議員們更應該用森信三先生的這句話來檢視自己，不是嗎？也許就能找回作為政治家的初衷也說不定哦♪

第一次可以從絕對的私心開始

我再說一次，撿垃圾這件事，完全可以從私心出發。為了得到某個自己想要的結果而開始撿垃圾是完全沒有問題的。把它當作是實踐夢想的一種工具都可以。如果是考生，那就當成是為了考上自己心目中的學校而去做；如果是縣議員，那就當成是為了讓年收突破兩千萬而做、還有為了能得到「議員老師」的頭銜而做；如果是運動員選手，那就當成是為了得到勝利女神的微笑而做；如果是企業家，就當成是為了在其他對手企業之間脫穎而出、為了成為獨一無二的輝煌企業而做。如果是業務員，就當成是為了得到客戶的喜愛入門就由絕對的私心開始做起吧。然後，再大大方方承認這件事，並告訴自己「這樣很好」，便會感覺神清氣爽，心意堅決。最重要的是，罪惡感會降低。一旦心裡有罪惡感，就會導致自我肯定感顯著下滑。「對啊，就是為了錢啊。不行嗎？那又怎麼樣？」其實只要這樣反駁別人的質疑就好了呀♪

此外，撿垃圾確實有一種魔力。當你撿垃圾的習慣維持得越久，那你的「欲望」就會一點一點慢慢地從身上剝落下來。總有一天，當一開始不情不願撿垃圾的心情變成這樣：「撿垃圾的感覺真好啊，總覺得撿垃圾可以調適心情呢。」的時候，就代表你已經開始可以感受到撿垃圾的魔法了。接著，對於金錢、生意、或是比賽結果本身就會漸漸變得沒那麼在意了。再者，撿垃圾也能得到周遭人們的讚賞。「好偉大啊！」、「〇〇師傅，我支持你！」受到別人的歡迎，自己的心境也會改變。撿著撿著，或許就會開始不再去區分撿垃圾究竟是為了達成目標而使用的一種手段、還是撿垃圾這件事本身才是人生的目的了。

持續撿垃圾，持續圓滿自己

那麼，為什麼我會說養成撿垃圾的習慣就能減少「希望事事如自己所願」這樣的私心呢？所謂追求夢想，最一開始其實是下述的心理狀態：以高中棒球為例，就是覺得「如果能在全縣比賽贏得優勝，心靈就會感到圓滿，就能得到幸福。」然而**在養成撿垃圾習慣的過程中，狀態會改變成：「撿垃圾可以調適心情、感到心靈圓滿，好幸福。」**而最終心態上就會變為：「不論有沒有在全縣比賽獲得優勝，都沒有關係，因為我的心靈已經圓滿了，我已經很幸福了。」意思就是欲望自然而然地從身上剝落了。反而是把多餘的壓力去除，讓自己可以發揮出真正的實力，因此比賽的贏面也就更大了。

假設欲望太過強烈，就會讓人比較難以感覺到幸福。為什麼呢？因為那樣生活就會常常處於一個匱乏的狀態，覺得「那個也想要、這個也想要」。簡直就是「匱乏之星的匱乏星人」。所以，要讓自己感受到幸福、要學習小欲知足（降低欲望、自知滿足）又該怎麼做呢？那就是要「徹底地」、「用幾乎異於常人的程度」去滿足自己的心。心靈圓滿了，欲求的事物就減少了。這就是小欲知足的原理。

從我開始撿垃圾大約兩年左右、四十三歲的時候，就常聽到一些六十多歲的董事長們這樣說我：「吉川，我覺得你好老成啊。」或是「吉川啊，跟你講話總覺得你好豁達，我都感覺好像在跟比自己年長的人說話耶。」這可能也是因為撿垃圾讓我的欲望漸漸遠離了自己的關係。同時也是我之所以會被稱為仙人的原因之一。前幾天，我跟太太和二女兒，三個人一起去逛前橋市的Costco，我順便去進行零售業的校外教學。我太太每次一去就會花掉三萬日圓。但我，不好意思，真的沒有任何一樣東西想買……。絕對不是說Costco大賣場不吸引人，只是因為我的心靈圓滿富足，所以不會想要再買任何東西而已。

徹底地將自己的好心情視為唯一考量、第一優先吧

正所謂：「修身、齊家、治國、平天下」。意思就是指首先要修養自身、整頓家園、再來治理國家、平復天下之亂。想要做到平天下之亂這種大事，就必須從組織的最小單位著手、也就是修養自己個人的身心。可以說一切的起點就是「修身」這回事。關於修養自身的方法，有很多地方都是這樣教育我們的：「減少私心。活在世上不要只顧及自己，也要為別人想。活著應該要對世界、為人類有貢獻。」不論是學校裡的道德教育還是宗教，幾乎都是在教我們這個道理。一言以蔽之，也就是我前面所寫的「Be good」和「做一個好人」。

在我研究幸福之道的這十年間，也是相信著這個說法，不知不覺開始要求自己去強化自我犧牲的行為。作為管理者，我認真地覺得一個月工作四百個小時是某種能夠讓員工擁有幸福生活的自我犧牲。不過，透過撿垃圾這件事，我學會了和自己

的內心對話，才發現了最根本的一件事。那就是我搞錯順序了。

首先應該要做的是滿足自己。與其說是滿足自己，更正確的說法應該是將自己的好心情視為「唯一」考量。這個「唯一」是重點。要徹底地把自己放在第一位。那樣一來，先滿足了自己，才會感到有餘力。這麼一來，也才能夠善待他人。所謂的善待，其實也是一個有語病的說法。準確來說，應該是不去干涉他人世界的友善對待。用友善的心態，看別人要怎麼樣都隨他去（笑）。我得出來的結論是：因為那個人就喜歡活在他自己的世界，所以我不會出手干涉那個人的一切。不過，如果對方向我求助的話，我隨時都可以對他伸出援手，這才是真正的「善待」，也才是真正的「愛」。

讓我換個說法再敘述一次。就是說我們不應該老是想著要解決地球環境的問題、稅金的問題之類種種的社會問題，而是先解決自己的問題。所謂自己的問題，就是指「自己狀態上的問題」。專心致志地解決這個問題之後，自己的周遭才會開拓出一個狀態絕佳的世界。如此一來，才能變得不去干涉他人、才能讓周遭的人感到「幸福」。

因為頭銜而有包袱，為包袱所苦的社會

我們的生活中，總有許多的「頭銜」。像我身上最具代表性的就是「爸爸的身分」、「丈夫的身分」、「老闆的身分」……這些頭銜令人戰戰兢兢。因為接在這些詞語前後的，通常都是像「作為一個老闆理應如此」、「當爸爸就必須這樣」、「根本沒資格當丈夫」這樣嚴格地將我們困縛住的社會規範（我們作為一個社會人應當要遵守的定律），同時也成為了自我要求。這正是大部分讓我們受苦的真相。

舉例來說，我太太以前有一個要求是「一家人應該要一起吃晚餐」。但我對這個要求感到很痛苦。如果是在自己想吃東西的時候吃東西，那我可以理解。但我不想吃東西的時候，為什麼一定要逼我吃呢？還有，在晚餐時間從屋裡遙遠的某處大喊：「吃飯囉——！」這一點，我也是從小就感到很困擾。我覺得那就好像在說：「趁還能吃的時候，趕快給我吃掉。」這樣對食物一點也不尊敬。

以前，我會忍下來，犧牲自己，扮演一個能體現「太太心中的家人之情」的父親。

但是，人一旦被別人「介入」了自己的世界，就會變得不開心。正在專心工作的時候被打斷、明明不餓卻得去吃飯，臉上的表情自然不會多好看對吧？心情不好，心態也會變得惡劣（苦笑）。比如說就會想對餐桌上的東西挑毛病。「這個味噌湯……我不是說過我不喜歡裡面加那些爛糊糊的紅蘿蔔什麼的嗎？」然後太太就會回說：「那你就不要吃不就好了，就你意見最多！」接著就為了這種芝麻綠豆大的事情吵架，導致晚上的夫妻生活停機了三天左右。對我來說這可是生死存亡的問題，在這方面我就不是仙人了，只是個俗人而已（笑）。

活在自己的世界，並尊重他人的世界

投入在撿垃圾的行動中，就會暫時停止思緒。我們的腦袋中那些源自於觀念框架擅自衍生出來的批判也會停止。一旦腦內的思緒停止了，感覺就會隨之變得敏銳。因此我們才能聽見身體和內心真正想要向我們傾訴的話音。

「據說早中晚三餐應該要吃到三十種東西，但那都是腦袋想的啊，我們內臟實在是覺得太多了太多了、太累了啊！」

「說是為了家人著想，想要蓋一間新房子，你的大腦是這麼想沒錯啦，但是內心呢？一想到還要背三十五年的貸款，就覺得很討厭對吧？」

諸如此類，增加了許多和自己的身體或是內心對話的機會。

於是我就醒悟了。「生理上不想吃的話，就不一定要在規定的時間內硬吃吧？如果要犧牲自己，結果還是會因為心情不佳而搞砸，到最後誰也不會覺得幸福，所以，應該要把自己放在第一位、把自己的情緒作為最優先考量才是最好的。」我是這麼覺得的。我把這個想法誠實地跟太太說、進行了一番溝通協調。到了現在，基本上我已經是讓太太死心的那種、超級無敵自己優先的狀態了（笑）。我不想吃的時候，當然就不會去吃。如果太太做的菜裡面完全沒有我想吃的東西，那我就會去吃我自己最想吃的。假如今天的主食是配料滿滿的豬肉湯，但我卻一點也不想喝豬肉湯時，我就會自己去煮自己最想吃的雞肉拉麵或是燙高麗菜來吃。比起複雜的食物，我反而比較喜歡簡單一點的。所以，我那上了一輩子烹飪課的太太、費盡心思烹調的菜色，差不多有七成都不合我的口味（笑）。不過太太知道我是一個極度自由任性的人，因此我就算不去喝她煮的豬肉湯，她也不會說什麼、也不會不開心。

而相對來說，我也不會去干涉太太要做什麼料理。因為太太都是以孩子為優先考量在做菜的。只要不互相干涉，就能相安無事地住在一起了♪我認為這就是真正的「尊重」，不是嗎？

撿垃圾可以帶來世界和平的原因

有一次家庭出遊，我們開了七個半小時的車，半夜從群馬縣出發前往淡路島。孩子們在後座睡翻了。而在孩子們睡著的那六個半小時內，我整路都被迫聽著太太最愛的藤井風的新專輯。無限循環的重複播放，實在讓我差點發出「啊喔——」之類的怨聲，但聽著聽著逐漸開始細細品味，慢慢地發現了歌詞的深刻、感覺歌曲展現出了很原始自然的自我表達，相當有意思，令我有點吃驚。而且那些飄逸又抽象、難以捉摸的詞句和歌手的個性，讓我感覺他會是一個有可能自然而然地就開始撿垃圾的「像風一般」的人，感覺真不錯，結果一不小心，我也變成了這個人的粉絲了。

因為將自己擺在最優先、已經先照顧好了自己的情緒，所以就不會想要去打亂別人的好心情。這就是所謂的「溫柔」。「溫柔」指的並不是為了誰而犧牲自己去做某事;而是將自己擺在第一位,先滿足了自己之後,自然就能夠去為別人做到某些事,就好像是量杯裡滿出來的水那樣。假如我當下並不想聽藤井風的歌,想要聽別的音樂的話,那我只需要拿出自己的手機和耳機,自己享受我喜歡的莎拉・歐蘭用她的美聲唱1/f頻率即可。和妻子活在不同的世界裡,彼此就更能和平共處。

雖然說撿垃圾或許可以讓我們在俗世中的夢想變得更容易實現,但是我認為,撿垃圾的本質其實和人類最原初的需求是相通的。那就是,自己創造自己的好心情。擁有好心情的人,就不會去干涉別人的世界。這麼一來,也就世界和平了。我在撿垃圾當中,就可以看見世界和平這個全人類的夢想被實現的可能性。撿垃圾,或許可以對各位的夢想、為人生的目標帶來正向吸引力喔。

撿垃圾，學會珍惜一切的事物♪

開始撿垃圾，讓萬物都變可愛了？

撿垃圾的時候，我有時會和垃圾「聊聊天」（笑）。看到被隨手丟在地上的菸蒂，我就會在心裡這麼想：「你一定是幫上某個人的忙了呢。吸過你的人應該覺得身心都很舒暢吧。」

然後我會對已經完成此生使命的那些垃圾產生一種神奇的情感，想對他們說聲「辛苦了」。我在想，說不定垃圾或各種物品都可能擁有人類所不知道的某種「意識」。不論這個假設是否為真，至少我能肯定的是，**撿垃圾能夠像這樣讓我們的心變得柔軟一些**。

我很常把別人給的、我卻幾乎沒用到的東西帶回家，自己想辦法試著再利用。比如說，我在附近的咖啡廳點了熱檸檬汁，放咖啡杯的盤子上墊了一張紙巾。如果就這樣留在那邊的話一定會直接被當成可燃垃圾燒掉，但是那張紙巾幾乎完全沒有被用到，只要有心一定可以被重複利用的。所以我就把那張紙巾帶回家，放進了我房間裡的「衛生紙等物」的盒子裡。這個「衛生紙等物」的盒子，是一個稍微損壞的密封盒，這個密封盒是三年前我太太曾經用過一次就打算丟了的，我便把它拿來活用至今。每當六歲的小女兒跑來我房間，打了個噴嚏之後掛著兩條豪爽的鼻涕時，我就會從這個密封盒裡拿出衛生紙來給她。不過，有時候我也會不小心拿到那些被當作是衛生紙的咖啡廳硬紙巾讓她擤鼻涕，女兒就會很生氣地說：「很痛欸！」（苦笑）

面紙和便條紙都不用買了，自給自足

不過，這個「衛生紙等物」的盒子可是有裝「真正的」衛生紙的。我想，應該99％的人都是從商店裡買衛生紙回來用的。不過對於日常生活中頻繁撿垃圾的我來說，是不會去買衛生紙的。撿垃圾的時候，平均每一千個垃圾當中就有一個是袖珍包面紙。我只要撿到，就會把它放進我的「衛生紙等物」盒子裡收集起來，衛生紙常常在增加，倒是幾乎不曾減少（笑）。順帶一提，因為同樣的原理，我也撿回了許多未開封的濕紙巾。濕紙巾出現的機率大約是每五百個就撿得到一個。尤其是便利商店餐點附的那種濕紙巾最為常見。所以，我自己專用的置物空間裡，放著一大堆等待著被人使用的濕紙巾。偶爾會發現已經沒有濕潤的感覺，早就乾掉的濕紙巾，那我也是覺得挺窩心的（笑）。也就是說，大部分人都需要購買的衛生紙或濕紙巾，我也都可以「自給自足」了（笑）。

據我所知，跟我母親一樣出生於昭和二十年那一輩的人，通常都會把夾報廣告單背面白色的部分拿來當便條紙。我自己在工作上需要用到紙張的時候，也常常都會使用廣告傳單的背面、或是作廢的傳真、影印紙的空白面，用它們來記下工作上的點子或是小筆記。不過，最近倒是因為都記在 ipad 的應用程式上，所以幾乎都沒在這麼做了……

而且，那個時候寫東西都還是用鉛筆，我蒐集了很多大女兒、二女兒在學校用到剩下一截的鉛筆，把那些一段一段的鉛筆削了又削，珍惜著使用。我會非常愛惜地使用到連延長用的夾式鉛筆桿也夾不住那些鉛筆、只剩下三公分左右為止。這邊也有一件神奇的事，就是每當我用廣告單背面和超短的鉛筆寫東西，我都會感覺這些物件好像在為我加油一樣，好點子會很不可思議的、有如神助般地湧現出來，在和下屬開會時好幾次都讓他們大吃一驚。

蒐集心態會引發永無止境的越來越多

說到寫東西，在撿垃圾的時候，大約五千個垃圾當中會撿到一支原子筆或鉛筆。當中有半數都還能用，所以我會好好地把它們撿回來，一樣拿來使用。我放在自己那個九百八十日圓的WORKMAN腰包前面口袋、隨身帶著走的原子筆，就是在五島列島的福江島一間復古咖啡廳前面撿到的。它已經被車輾得破破爛爛、傷痕累累，筆尖的塑膠殼也破了，但是墨水還有很多。我現在看到這支原子筆，就會想起五島列島的美景，感覺非常的幸福。我現在用這支筆已經越用越捨不得丟掉它、甚至是越來越珍愛這支筆了。

我在臉書上看到一個同為企業家的熟人貼文，得知那位老闆是一個鋼筆的超級愛用者，還寫到他家就收藏了四百多支的鋼筆。日常生活可以被自己喜歡的東西包圍確實是很開心的一件事。我小時候，為了要蒐集筋肉人的橡皮擦，甚至不惜偷拿父母的錢去玩扭蛋，因此這種蒐集癖的快樂，我自己也是非常清楚（笑）。不過，蒐集癖這件事情是看不到盡頭的。事實是，不管蒐集了多少、經過了多長的時間，

平時愛用的原子筆
是在五島列島的福江島撿到的♪

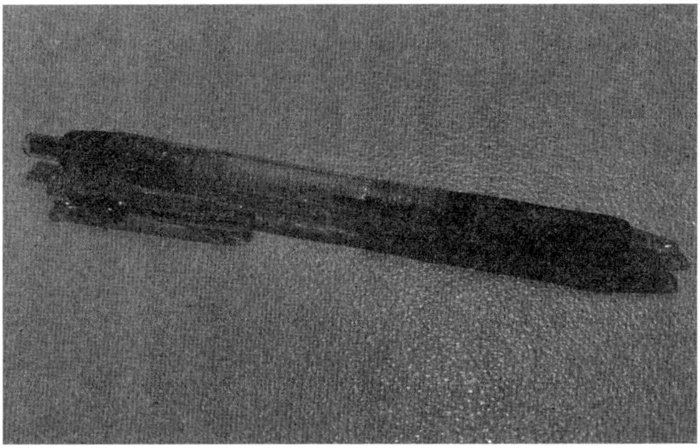

心裡都還是不會感到滿足。也就進入了一個越來越多的世界。不斷地想要「更多、更多」，原本正常的慾望會在不知不覺間變成「貪欲」，也無意間助長了私心。

從我開始撿垃圾那時起，就很明顯地感受到這種盲目追越來越多的心態自然而然地減少了。而「滿足於自己所擁有」的情形則逐漸增加。於是，這讓我的心情呈現一種無與倫比的平靜祥和。近藤麻理惠有一本書叫做《怦然心動的人生整理魔法》，這本書剛上市我就讀過了，當初最讓我感到豁然開朗的就是她說的「只留下能讓自己感到心動的東西」這樣的思考方式。我們從理性上，會去說這個東西「丟了可惜」、「還能用」，這明明是一種理性的、以合理的判斷作為基準的抉擇，但主張她卻用「感性」、「怦然心動」來決定物品的去留，真是一種顛覆性的發想。

對撿來的東西感到「怦然心動」

但對我來說，真正最能讓我感到「怦然心動」的東西是什麼呢？答案就是，撿垃圾的時候撿到的那些東西。或者是被某個人用過、已經要當成垃圾，卻被我「救回來」、成為了自己的夥伴的東西。

比如說在路上撿垃圾，一萬個垃圾當中，就可能會遇到一支未開封、裝在塑膠袋裡的塑膠湯匙。我在家裡吃飯時愛用的湯匙，就是撿垃圾撿回來的湯匙。我那有潔癖的太太，完全不知道這件事，照常把它拿去洗，甚至小孩吃點心的時候也會讓她們用那支湯匙吃，看在我眼裡真的是既痛快又舒心得不得了（笑）。未來，便利商店的湯匙會因為SDGs的環保觀點而逐漸減少，搞不好以後塑膠湯匙就會變成文化遺產、身價暴漲了，甚至在Mercari[20]上面還要花幾十萬塊才買得到呢（笑）。我用撿回來的湯匙來填補需求，所以今後、這輩子大概也都不用買湯匙了吧（笑）。況且這些撿回來的湯匙也都真的可愛得不得了，因此我會好好珍惜、不會弄斷它們的。

在廣島開了一間魔術酒吧、在日本也是屈指可數的超能力者——響仁先生最近教會了我怎麼把湯匙弄彎，結果導致我去附近的seria賣場，豪氣干雲地買了十支左右的湯匙，這種報復性購買的行為大概是我人生中第一次也是最後一次了吧。另外，被弄彎的湯匙就變成我外出隨身帶著的攜帶式專用湯匙，順便當作跟會面的人一同

20 メルカリ：日本代購、二手交易平台。

用餐時的一個話題。用這支湯匙吃飯的時候，會產生一種「我什麼都做得到」的自我暗示效果，又可以提高自我肯定感和自我效能感了。

多數的消耗品都可以透過撿垃圾來補充？

養成撿垃圾的習慣後，其實會發現，大多數的消耗品都可以從垃圾中拿回來使用。比方說，我就很常撿到橡皮筋。大概平均每撿三百個垃圾就可以撿到一條橡皮筋，雖然說大部分確實都會因為日曬或外在環境的摧殘而變得一扯就斷，但也很常撿到幾乎跟新的沒兩樣的橡皮筋。我的房間裡也有橡皮筋專用的收納櫃，內容物也是隨時靠著撿垃圾來補滿。另外，綁頭髮的髮圈也很常見。因為那種髮圈通常都比橡皮筋還要強韌，所以很好用。有一次，我用撿來的髮圈幫小孩綁頭髮，結果被太太發現，被狠狠地罵了一頓（苦笑）。明明就是一個很漂亮的髮圈啊……

有一種垃圾因為新冠疫情而變得非常少見，就是牙籤。以前在餐飲店的周邊撿垃圾的時候都很常撿到，但是疫情爆發之後就超少看到被人亂丟在路上的牙籤。撿垃圾也能跟著注意到當今的時勢呢。而還裝在包裝袋裡沒有被使用過的牙籤，撿到的頻率大約是每五千個垃圾之中撿到一個。所以，當然牙籤我也是自給自足的狀態（笑）。但我用牙籤也都不會用一次就丟，會重複使用好幾次，所以要「用掉」一根也是差不多要花上一年左右。

似乎也理解了「物哀」的美學

撿垃圾的過程中，我似乎也理解了「物哀」的美學。沒有被好好使用就被丟棄的垃圾、或者是還能使用、卻在掉落路邊的那一瞬間被貼上標籤變成「骯髒的垃圾」，它們是多麼悲哀。看見那些無法讓自己身為物品的生命圓滿的垃圾，我心裡就不禁湧上一股哀戚的同情。還有，把撿到的垃圾拿來使用的人多半會被覺得是「底層人口」、「好像遊民」吧。這種價值觀是奠基於「這個東西是自己的、這個東西是別人的」、「這很乾淨、這很骯髒」這種分化對立的底層邏輯。說得淺顯易懂一點，就是把自己和他人、自己和自己以外完全分開來考量的價值觀。

我個人是覺得「那樣的價值觀好令人寂寞呀」，所以有的時候，我還會故意想要挑戰一下、稍微表達一下自己的意志。例如有一次，我發現自己忘了戴口罩出門，就把太太掉在汽車座位底下的海綿口罩拿來借用一下。太太很生氣地罵我說：「我都用過了，很髒欸，不要這樣啦！」但是我很愛我太太，所以不僅一點也不覺得髒，而且光是戴在臉上就覺得心臟怦怦跳呢♪再說到PRIMAVERA的一位職員本間宗一郎先生（跟盛名遠播的HONDA創辦人也是只差一個字，這個也是因為個人形象經營關係所使用的假名），聽說他也為了彰顯自己對未婚妻的愛，把對方的口罩拿來戴，結果也是被罵說：「別這樣好嗎！」（苦笑）。

後來，我就都戴著那個海綿口罩，戴到它有一天從中央裂開了。但因為這個口罩是太太用過的個人珍藏品，所以我就用訂書機往海綿的裂縫釘上了三針，為這位海綿口罩先生做了個手術（笑）。我覺得這就好像黑傑克醫生幫皮諾可動手術、救了她之後，兩人之間更加密不可分那樣，海綿口罩和我之間，也出現了外人看不見的深厚羈絆♪這個口罩我至今都還很常在戴。

還有一次，因為我戴了一整年的不織布口罩已經變成咖啡色、鼻樑的鋼條也穿刺出來了，所以我只好跟它說再見。於是我又從太太汽車的座位下發現了一個用過的史努比口罩，就把它撿起來用了。後來我一問才知道，原來那是我二女兒用過的

太太用過的口罩
我把它釘上釘書針繼續使用♪

口罩。某次我去神戶的 Portopia 飯店參加認識的企業家舉行的三十週年紀念慶祝會，就戴著那個史努比的口罩去。結果被說了句：「很可愛呢……」不知是客套、還是拿我沒轍，總之似乎是有一點意見（笑）。甚至連一跟我感情很好的京都醃漬小菜店的老闆也吐槽我說：「欸，那個……是你女兒的口罩吧？你這樣實在是很變態哦？」（苦笑）

要讓自己保持好心情，就要好好地珍惜事物過生活

愛物惜物的心，被認為是一種美德。但是，一旦太過愛物惜物，又會被冠上「很髒」、或是「很寒酸」這類的形容詞，變成了惡習（苦笑）。我是那種相對比較活在自己價值觀裡的人，所以不太會去在意別人說我什麼，還是過著非常愛物惜物的生活。這完全不是為了被說「這個人好愛惜東西，好棒喔。」才這麼做的。也不是因為我作為一個二手買賣企業的經營者、就應該要表現出這種模樣而硬是逼迫自己這麼做。也不是為了對地球的環境貢獻些什麼。雖然已經重申過很多次了，但我真的就只是為了讓自己保持心情愉悅，才決定過這種愛物惜物的生活的。

疫情爆發前的初秋，我突然很想去北海道的知床看一看，於是就出發了。一個人獨自在知床開著租來的車子遊覽，剛好碰上了鮲仔魚的迴游季節，有一大群為數非常可觀的鮲仔魚正沿著知床的羅臼川逆流而上。正當我像平常一樣一邊在路橋附近撿垃圾，一邊入迷地看著鮲仔魚洄游的的時候，就在橋頭發現了一條粉色白色相間的美麗小毛巾。第一眼的印象，覺得應該是某個年長的女士掉的手巾，但我願意想得更正向一點，而且我也擅長擅自想像。「這應該是石原聰美來知床拍外景時遺落的手巾吧。」我在心裡做了這個設定，就把它放進我的腰包裡帶回家了，那天以後，我足足用了三年，直到我再次把它弄丟為止，都很珍惜地使用著那條手巾（笑）。每當我拿起那條手巾來用，就會想起石原聰美的美麗臉龐、還有知床美麗的大自然景觀，感到非～常地幸福。也就是說，為了創造自己超級愉快的生活，我會隨心所欲地為撿來的東西加上美麗的誤解，自顧自地逗樂自己。不管別人會有什麼意見，「隨心所欲」才是活出自我最重要的關鍵字。

美麗的誤解可以帶來好心情

其他我還收藏了……（我覺得是）廣瀨鈴掉的髮圈、在五島列島的福江島撿到的、（我覺得是）川口春奈掉的手環等等，各式各樣明星藝人的周邊。聽到我這麼說，一定會有充滿理性和智慧的人覺得「真是個傻子，才不可能有那種事」。但是，我想強調的是，光憑著看事情的角度和思考方式，就可以帶給人這麼多幸福的感受。就連撿垃圾撿回來的那些廢物，也能讓人感受到無限、無窮無盡的幸福。

「人生是由美麗的誤解構築而成的」這個真理，換句話說就是：「只認識幸福，不認識不幸」的意思。我們時常只顧著追問「告訴我真相」、「事實到底是怎麼一回事？」等等，耗費了太多的勞力去揭露真實。但是，就連那所謂的真實，其實很多時候都只是我們說服自己的一種技巧而已。所以我才說：「自己認為是真相的東西才是真相。」、「累積各種經驗之後，覺得像是事實就是事實了。」

那麼，如果過度地「揭露真相」，那就會造成所有像是真相的東西被拿來互相較勁：「這是杜撰的吧？」、「這個故事聽起來很可疑。」會產生許多這樣的聲音，也會開始批判，心情的指針就會指向壞心情那一邊了。所以說，**打從一開始，就不要太執著於揭露真相，假如我們把心思專注在思考如何解讀一個事件，不就可以讓自己的心情變得更好了嗎？**各位覺得怎麼樣呢？

前幾天，我在咖啡館的廁所裡坐下來正準備解放的時候，才發現馬桶上有不明水滴。「啊喔——該不會是沾到那個坐在角落的七十五歲老爺爺的尿了吧？」雖然閃過這樣的念頭，但真相只會留在黑暗之中。所以我就加上了這麼一段美麗的誤解：「應該是那個坐在櫃檯旁邊、長得很像Kis-My-Ft2的藤谷太輔那位年輕帥哥留下的吧？好吧，那就算了。」重新修正了我先前的解釋（笑）這樣一想，那個水滴似乎就變得很有格調，上完廁所之後，我的工作也大有進展（笑）。

再舉個例，假設有個丈夫，平常總對著妻子說「我好愛妳喔」，私底下卻神不知鬼不覺地劈腿，但那位妻子並不知道丈夫出軌的事，便會產生「我老公從來沒有出軌，一心一意地愛著我。」這樣的美麗誤解，那麼，這位女性就能夠繼續過著幸福快樂的日子。綜上所述，我在十二年前，就好像被電流打中一樣突然醒悟了這件事：由自己積極地創造這些美麗的誤解不就好了嗎。從此以後，我就極盡所能地開始進行美麗的誤解，把那些像是「聖誕老公公真的存在」之類、天真無邪的幼稚園孩子們才會有的浪漫幻想，全都當作是真的。

從撿來的東西之中得到幸福感受的理由

二〇二二年七月，我到新宿未來塔擔任講師，那場講座叫做「師承武藏野董事長小山昇——吉川充秀的經營實戰講座課」，收費頗高，一間公司的報名費要一百七十六萬日圓。我跟平常一樣，從新宿的旅館一邊撿垃圾一邊走向活動會場的時候，撿到了一條 PAUL & JOE 的粉紅色手帕，上面還有漂亮的刺繡和閃亮亮的金粉。我當然是撿起來、借來一用了（笑）。不過，至於那些感覺名物有主的高價物品，我就不會借回來了，我會就近尋覓一個讓失主比較好找到的地方放著。像我前陣子就在路上發現一個 iphone 的 AirPods 盒子，當時我就把它放到路邊一個不會被踩到的地方暫時安置了。

於是，剛剛說的那條手帕，我也把它斷定（擅自認為）是石原聰美弄丟的手帕了（笑）。正好從我一年前弄丟那條在知床撿到的、聰美小姐掉的手巾以來，一直感覺有點落寞呢（笑）我把這件事情拿來跟參加講座的經營者們分享，結果其中一位學員過來聞了兩下，說：「這條手帕聞起來有一股花香。一定就是石原聰美的手帕沒錯！」我的幻想就此變成了篤信。這個故事被我拿來當作一個小插曲講給來聽講座的經營者們聽，居然收到了超熱烈的反響（苦笑）。大家都覺得：「一直有聽說吉川先生是個怪人，沒想到竟然到了這種地步……真是瘋了。」（笑）

我拿這條手帕出來用的時候就會感到非常幸福。並不單單只是因為它是石原聰美用過的手帕。另外也是因為我會認為自己撿到了這條手帕、並重新利用它、賦予了它完整的生命價值，便是「做了一件好事」。而且，帶著純真的心使用這條撿來的手帕，也讓自己一步一步慢慢地接近人我和一的境界，沒有比這更可愛的人，所以 I love myself ♪ 這也是很重要的一點。所以這條手帕我現在已經用了四個月左右，真的是「最愛的」手帕。

有些地方會被稱為能量景點，據說可以提升運氣。而我則是把撿到的東西、或是收到的東西，自己稱為「能量小物」。就是字面上的意思，意味著這是「經由某種能量」被帶到自己身邊來的東西。不就正好是帶來好運氣的物件嗎？

珍惜事物就等於節儉……並不是這樣的

每當我提到我愛物惜物的部分，就有人會說：「吉川真是一個很節儉的人啊。」。可惜的是，我並不是什麼很節儉的人。我在睡的床可是重達八百公斤、尺寸是QUEENSIZE，被稱為「雲頂睡床」。搭配羽絨被，組合價兩百五十萬日圓。不過，我在買下這張床的時候，是帶著非常企業家思維的「邏輯」去買的。我的邏輯是這樣的：「我從今天開始，只要在這張床上睡一萬兩千五百天，就等於我雖然是花了兩百五十萬圓買它，但實際上一天只要兩百圓。假設睡眠時間用一天八小時下去算，一小時就只要二十五圓。只需要二十五圓就能得到這麼幸福的美好睡眠、自己的產能也會提高為一點二倍，依照我一年可以產出三億日圓的價值來算，就會變成三點六億元，這真是我買過最划算、CP值最高的商品了。」平常我基本上都是自己睡，偶爾太太也來睡到這張床的時候，據說她的感想是：「這張床會讓人變成廢物（因為太舒服了，會不小心睡過頭）」

回到正題，**所謂的愛物惜物，並不等同於節儉**。節儉，是指樽節自己所擁有的金錢的行為；是為了未來去旅行、為了成家、為了養老、為了兒女就學先做準備的行為。**會有節儉的作為，其根本的原因是「不安」**。節儉是為了防範還未到來的不安、節省以備不時之需的作法。我呢，雖然是完全不覺得需要為自己的未來省吃儉用，但是身為三個孩子的爸，確實還是需要有一定存款的。然而，**這種所謂節儉的行為，**

同時也會讓一個人的能量變得向內緊縮。過度放大對未來的不安，使得當下的快樂減少、也代表著忍受。比如說，假設你明明很喜歡露營，但是為了孩子的就學之路著想，即便是自己望眼欲穿、想要得不得了的露營用品，也得咬緊牙關忍著不買……**像這種強忍慾望的節儉，簡直就是讓人覺得滿腹委屈。**會很想不滿地說：「你以為我是為了誰才把日子過得這麼辛苦啊！錢明明都是我賺回來的！還玩什麼玩，快給我去讀書！」我認為這樣的節儉，**就是一種為了將來而耗費掉自己現在當下能量的行為。**

珍惜事物的生活方式，就是享受日常生活的生活方式

我個人定義的「愛物惜物」的生活方式，其實和「享受生活」是同一件事。買東西確實可以得到滿足，因為想要的東西如願地到手了。不過，像我一樣的話，就幾乎不需要買東西，只需要把撿回來的垃圾重複利用、把別人用過的東西拿來重新活用，還會因為許多異想不到的緣分而感動。「當我正想說，哎呀、忘了戴口罩了，這時候車上就剛好有一個太太的口罩掉在那邊！竟然可以戴到太太戴過的口罩

耶！」真令人感動；「那時我心想，要是有一支湯匙可以隨身帶著用就好了，結果我在撿垃圾的時候，就撿到了一枝包裝完整的便利商店塑膠湯匙！」真令人感動；「每當我把撿來的手帕拿出來用，就會想起撿到手帕那時的風景，自然就對那條手帕充滿了愛意。」真令人感動。又或者，把撿回來的原子筆擦得乾乾淨淨、修理到可以用的程度，也是一種生活的情趣。

養成了撿垃圾的習慣，心裡就會覺得垃圾變得好可愛。所謂的垃圾，就是一個物品生命最終的模樣。見到了這些物品最後的模樣、偶爾也和它們對話，**就會更加地重視每樣東西**。而懂得珍惜、重視物品之後，**就會開始想要賦予它們新的生命**。**這時就會產生出許多智慧**。比方說撿回來的手帕越來越多，就會閃過這樣的靈感：如果把它們拿來縫補破掉的內褲好像很合適呢。雖然說乍看之下確實是一種白費力氣的行為。一件內褲在 amazon 上花五百塊就買得到。我的預期年收是一億日圓，除以一年兩千個小時的工作時間，預期時薪就是五萬日圓；假如一個時薪五萬日圓的人，花三十分鐘去縫補一件五百元的內褲，可以視為一條兩萬五千元的「人事成本浪費」。就生產性或效率的層面來看，縫內褲這種事可是荒謬中的荒謬。

但是，我們人生的目的究竟是什麼呢？**不論是達成某個成就、或是變得很富有、**

或是提高自己的產能，不都是為了在人生的某一刻能夠放鬆享受、能夠變得輕鬆愉快而不斷努力的行為嗎？通常，人們都是為了未來的快樂而犧牲現在、為了未來的輕鬆而一直辛苦勞動的不是嗎？這樣的話，**為什麼不丟下那個不知何時會到來的快樂、專注享受當下這一刻呢？**要說享受人生的方法，花錢買快樂，也是很開心的事啊。像是看電影、購物、開車兜風、旅遊，也都是可以體驗非日常的快樂經驗。我自己體驗過各式各樣的方法，現在也隨時都能讓自己很開心。

不過話又說回來，如果能更簡單地去享受自己的生活、享受自己最普通的日常不也很好嗎？不用花什麼錢，只要決定去享受日常，那就一定做得到。日復一日在平凡不過的日常，才是真正值得我們去用心享受的體會。撿垃圾作為日常的一部分，也是每一次都能夠預見新的垃圾。況且，想辦法在生活中去活用那些撿回來的、或是收集了太多的東西，也會產生出創造的快樂。把曾經值五百日圓的破內褲，拼上撿回來的手帕縫縫補補，我們或許也可以說這就是生活中極致的樂趣了吧。我認為，這樣的生活點滴，就是最棒、最奢侈、最無可取代的時光了，各位怎麼看呢？

對事物的看法，會改變人生的滿足程度

我有一件穿了八年的坦克背心。那件背心是我在 UNIQLO 花了七百九十九日圓買的。連續穿了八年的結果，就是連 UNIQLO 堅韌耐用的材質都已經變得很薄了，他變得有點像薄透的蕾絲材質、觸感則像是高級的絲質料子。下擺已經鬆弛，甚至前面跟後面的下襬長度都不一樣了。還有不少地方都有破洞，我岳母偶爾會來我們家，她每次洗到這件背心的時候，似乎都會渾身雞皮疙瘩地說：「怎麼有人會穿這種破布啊！」不過，這件坦克背心對我來說，就是年份八年的純天然古董收藏品。雖然這就算是拿到敝公司的二手衣店要求收購，也是會直接被判定為「嚴重破損」、零價值、立刻被丟進垃圾桶，但是在我眼中，他就是我最珍貴的、陪伴了我整整八年生活的「戰友」、價值高達七萬九千日圓的頂級珍藏坦克背心。最近甚至已經覺得太過貴重，平常幾乎都捨不得穿了（笑）。最難能可貴的是，太太理解我的感受，每次洗衣服都不會把它丟掉，還是會讓它重回我的懷抱。

撿垃圾，讓我改變了看待物件的方法。就像我前面提過的，不論是物還是人，都只是名詞而已。就能量的指向來說，名詞本身並不具有任何動力。沒有正面負面之分。但是，我們對那個物或是人灌注什麼樣的能量，就會改變現實的情況。如果

年份八年的私藏坦克背心
它就是我的戰友♪

我們心想：「有這一條手帕我就心滿意足了。」那麼心情就會很好，但如果我們想的是：「為什麼是PAUL & JOE，我比較想要艾瑪仕的手帕啊……」那麼心情就會變糟。如果一味想著more and more，追求「更多、更多」，內心就會很難以被滿足。雖然是老生常談，但「更多」這種指標，就是奠基於「匱乏」所延伸出來的想法。而眼前這種充滿匱乏的現實，正是自己創造出來的。也就是說，用慈悲的心去愛我們所得到的東西，這種思考方式就算從幸與不幸的出發點來看，也是「很划算」的。對於已經「存在」在這個世界上的物件，我們就爽快地為他們加上一些快樂的誤解，便可以去享受自己的想像，接著就可以從充滿匱乏的人生，逐漸轉變為圓滿、滿足的人生。

對待事物的能量和對待人的能量最終都是同一回事

後來我還發現一件事，那就是我們對待物品的方式，也就是說我們傳遞給物件的能量，就跟我們對待人的方式、傳遞給別人的能量其實是完全相同的。

穿了八年的破爛背心，許多人應該都會嫌棄它、把它丟掉吧？那麼，假設現在是一個活了八十八年的老人家呢？大多數人，都相信「人命很珍貴」這個人道主義的觀念，雖然應該是帶著「人和物品是不一樣的」這樣的想法，但其實展現出來的能量卻是同一回事。內心的能量其實就是：「沒人需要這種陳年破爛，丟了吧。」這種能量，只是勉強用「因為是人，所以不能那樣對待。」這樣的人道觀念去把前述的那種能量壓下去而已。「內心」和「真正的能量」都很純粹，也很誠實。

所以，**如果想做到待人親和、好好對待老人家的話，平常就要溫柔地對待所見所及之物、也要好好珍惜老舊的東西，不然的話，內心的能量是無法表裡合一的。**

真正的愛是什麼？

愛物惜物，就能量的觀點來說，和好好待人是高度相關的。不論對待物品的態度是粗魯或是珍惜，人和這個物件都不會產生任何利害關係。但是，對象是人的時候就不一樣了。待人粗魯，就會影響到跟這個人的利害關係，因此多數人不會展現出自己對物品所投射的「純粹的能量」。「畢竟是自己的父母，如果不負起照護責任，不知道會被那些親戚說成怎樣……而且搞不好孩子會有樣學樣，以後就不照顧我了。所以我看不論是人道上來說、還是考量機會成本，在別人面前都還是得為自己的父母親做出最低限度的照護吧。」或許真的有人是抱著這樣的恩情在照料雙親的。也就是說，我們是不是可以把這件事理解為：自己投射出去的純粹能量，被自己的觀念阻礙而變得綁手綁腳？

然而撿垃圾，可以讓我們對待物品也變得更溫柔；**可以不再那麼粗魯無禮地對待任何東西；可以讓我們學會去尊重萬物**。可以發自內心地去投射出尊重的能量。於是，對待別人也能自然地產生出相等的能量。懂得尊重物件，就能量的層面來說，直接就連結到尊重別人這件事情上。那麼當自己充滿尊重別人的能量，就不會想要去干涉他人。因為已經可以做到去尊重對方的自由了。而這，不就是「真正的愛」嗎？所謂的愛，不是專程為了誰去做出什麼事，而是尊重對方的自由意志、不去干涉，不就是這個意思嗎？

撿垃圾，可以讓人學會愛物惜物，更可能會為你的人生施展名為「真正的愛」的正向吸引力喔。

第 3 章

那麼，一起來撿垃圾吧！

拾荒新手，最初的一步

如果你想要開始撿垃圾的話，沒錯，就走出家門，把掉在路邊的垃圾撿起來吧。首先第一步就是試著實行看看。指示先從撿起一個垃圾開始的話，連袋子都不用準備。這樣就已經達到日行一善了。但如果是像我一樣，覺得既然都要撿，不如就多撿一點的話，那就準備一個塑膠袋吧。不管是哪種袋子都可以。我的經驗是，有提耳的垃圾袋，對於長時間撿垃圾來說會比較方便。如果空手撿垃圾，會擔心菸蒂的臭味留在手上很討厭的話，就戴上一次性塑膠手套來撿吧。當然也可以用塑膠袋套在手上去撿。我以前會在家庭出遊的時候，把吃自助早餐時用過的塑膠手套留起來，直接帶回家、收起來，以備撿垃圾的不時之需。但因為都沒有用到，後來就不這麼做了（苦笑）。不過像我這樣做的話，就不用專程去買塑膠手套了，可以重複利用、真是一石二鳥對吧♪

拿有提耳的塑膠袋來當垃圾袋就很方便♪

假如不喜歡徒手撿的話，用粗布手套或是橡膠手套也都可以。粗布手套的材質是穿透性的，所以手指頭上還是有可能會留下菸蒂的臭味，如果是工業用的橡膠手套，手上就不會沾染到味道了。用手撿可以撿到卡在縫隙裡的菸蒂、或是一些小地方的垃圾，所以如果是真的很想要維護整潔、有點完美主義的人，可以考慮這種橡膠手套。順帶一提，我自己備用的粗布手套跟橡膠手套，都是從撿回來的垃圾裡面找出來的。

該怎麼解決「鄰居的異樣眼光」？

不過，真的開始撿垃圾的時候，會在意鄰居們異樣眼光的人想必不在少數（笑）撿垃圾這件事，要說的話應該很多人都會認為是積陰德的行為吧。但通常大多數人又會覺得，不要被別人看到、為善不欲人知才是真正的美德。這種思維本身，就只是覺得「積陰德，才可以在宇宙銀行裡存下善的儲蓄」這樣的一種想法、一種成見的體現而已，但是很多人卻因為從小就被灌輸，所以反而被困在這個觀念的框架底下了。但其實能量本身並沒有任何善惡二元的概念，都是人類創造出來的一些想法跟觀念而已。

雖然是好事，但如果突然開始撿垃圾，一定會有人覺得說：「萬一被鄰居或是認識的人看到的話會有點羞恥。」、「好像會被誤會成：那個人最近怎麼突然就開始撿垃圾了，不知道是不是迷上了什麼奇怪的宗教呢？」那麼，想要解決這種「鄰人眼光」的問題，該怎麼做呢？

最常見的一個方法，就是加入地區志工的地面清潔隊。不過，問題在於這種團體通常都會限定一個月出動一次。而且，成群結隊一起撿垃圾的時候，旁邊的人會出其不意地把你眼前的垃圾撿走，你就撿不到了。所以，我現在要為大家介紹一個獨自一人也能泰然自若地撿垃圾、把羞恥程度降到最小的技巧。我身為一個系統化經營的專業顧問，想出一套任何人都能做得到的 SOP 是我最擅長的技能（笑）。

如果覺得被鄰居看到很丟臉的人，請務必在脖子上掛上一條識別證頸繩吧。用來放名牌的那個空位，就裝個悠遊卡什麼的都好（笑）。如此一來，就會傳達給別人一種「我在這邊上班」的暗示。假如在路上遇見了脖子上掛著識別證的人在撿垃圾，大多數人都會認為「他應該是附近公司的人吧」。然後就會視而不見了。他們會覺得：「畢竟是領薪水上班的，撿一下附近的垃圾也是理所當然的吧。」只要在脖子上戴個識別證，羞恥的感覺應該就會驟降許多。但我自己對於撿垃圾這件事，從來沒有感到一丁點的難為情，所以我是沒有試過啦（笑）。

最常有垃圾散落的地方就是這裡

如果真的很在意鄰居的異樣眼光，還有一個方法，就是不要在家附近撿，建議大家可以換個地方、瞄準公共場所去撿垃圾。最棒的地點就是公園。人越多的公園，垃圾也就越多。就垃圾的量來說，住宅區其實是最少的，接下來依序是商店街、公園、車站等公共設施。我家附近有很多郊區型的商店，那些大型店鋪的停車場周圍也會有很多垃圾。總而言之，只要是客人很多、工作人員對於賣場面積來說又少得不成比例的地方，就是很好的目標（笑）。最具代表性的例子就是以唐吉訶德為首的各式廉價大賣場，都是撿垃圾聖地中的聖地。便利商店也是，在停車場和店面四周都可以看到比較多的垃圾。因為只要是從便利商店買的東西，全部都會製造出垃圾（笑）。只是，他們對員工的管理體制有在注重這一方面，因此每隔幾個小時就會打掃一次停車場，相對地就比較乾淨。

在脖子上掛個識別證
就不會那麼難為情了唷♪

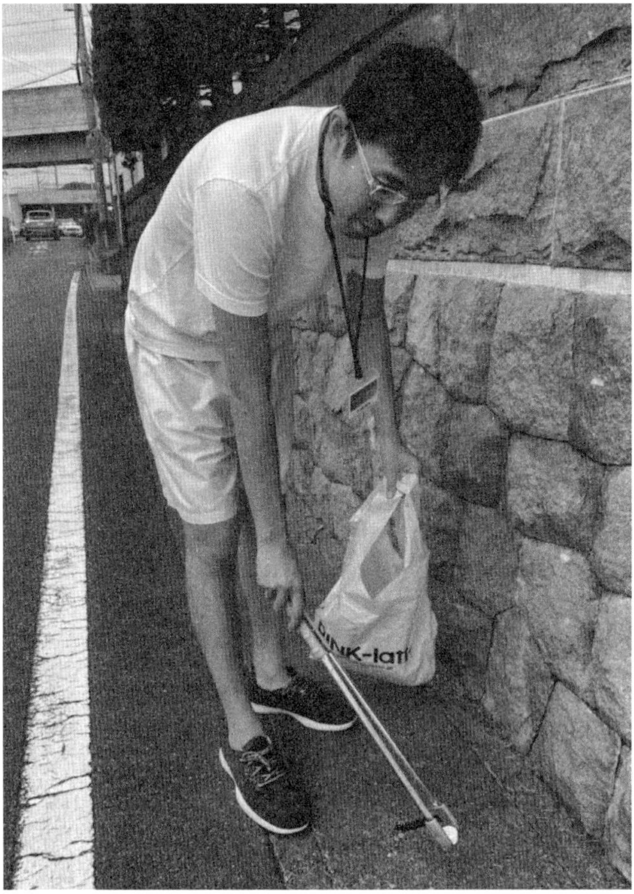

咖啡廳、茶館、家庭餐廳這類的地方，通常都員工都不多，工作內容又以店內的運作為主，因此停車場很多都可說是被當成了三不管地帶。像是我家附近的珍有福[21]，店內的員工人數就很少，而且又二十四小時營業，因此100%每次都可以好好享受一番撿垃圾的樂趣。再說，住宅區裡也會有無人管理的公寓，周圍也會相對地比較髒亂一點。或者是住著許多單身房客的月租式公寓附近，垃圾也會比較多。還有就是外國人住的地方，也是很豪放地掉了很多垃圾在地上（笑）。

也可以瞄準這裡的垃圾

旅行中垃圾比較多的地方則是：高速公路服務區和一般公路休息站，這兩者絕對是非撿不可的。越是熱鬧的地點，地上的垃圾就越多。我也很推薦登山的山道。雖然時常會看到非法棄置的廢棄物映入眼簾，但是那種也實在撿不了，所以我們就沿著健行步道，把那些掉在歇腳處地上的菸蒂、寶特瓶、糖果包裝紙之類的小東西

---

21 ジョイフル：九州一帶的知名連鎖家庭餐廳。

一個一個撿起來吧。

學校附近也是不錯的地點。尤其是那種、沒有多餘的心力去清掃學校周遭的公立學校特別值得去撿。位在我家不遠處的我的母校——群馬縣立太田高校，是縣內屈指可數的升學學校。敝母校的周圍時常散落著很多垃圾，可能是因為學生和老師都忙於課業，無暇顧及腳邊垃圾的關係吧。

再說到路邊的話，容易塞車的地方也是好地點。總會出現一些路怒煩躁、亂丟東西到路上的人。就算是為了撿垃圾，只要走到車道上都還是很危險的，所以請各位拿著長鐵夾從步道伸出去撿、人站在路肩的範圍內就可以了。如果真的很在意車道上比較大型的垃圾的話，就選在清晨、或是星期日早上之類、車流量較小的時間點去撿吧。這件事就好像在海釣時掉到很大的魚一樣，會被一種興奮的感覺包圍喔（笑）。

像是廟會慶典的時期、或是慶典過後，都是我最有動力出發去撿垃圾的時間點（笑）。我們家也很喜歡全家一起去參加廟會，大家都很喜歡慶典的氛圍。路上會有很多攤販，烤肉串的竹籤和紙杯、吸管等等的垃圾就好像暴風一樣襲捲過境。如果在慶典舉行的期間內撿垃圾的話，就會有人問：「垃圾可以給你嗎？」然後把垃圾塞進我的垃圾袋裡。似乎會被當成是支援慶典的清潔義工。儘管連一塊錢也拿不到，卻可以讓別人感到開心，也覺得願意像個傻瓜一樣做這些事的自己真是可愛，瞬間就自豪了起來（笑）。

而且，在舉行慶典的時候，平常撿垃圾時沒辦法去撿的車道會變成行人的天堂，完全可以大大方方地去撿垃圾！對我這樣的哥及垃（有撿垃圾習慣的人、哥最愛垃圾啦！的諧音）來說，這就是一年一度的超級盛會。感覺就好像自己走在紅毯上，超快樂地撿垃圾♪

還有慶典過後的隔天早上，對於哥及垃來說更是無比幸福的時刻（笑）。地上到處都是那些慶典主辦方撿不完的細碎小垃圾。慶典結束時，估計有不少人會覺得有點失落，但對於我們這種哥及垃來說，慶典過後，才是萬眾矚目的高光時刻♪

適合撿垃圾中、高級玩家的工具

已經開始嘗試過撿垃圾、產生這種感覺的人：「撿垃圾真是讓人心情愉快，我好像開始能夠理解吉川先生說的話了！我想更正式地繼續試試看。」就已經是中級玩家了（笑）。請一定要去買一把撿垃圾專用的長鐵夾。我在這邊向大家推薦永塚製作所生產的「MAGIP」這一款。請放心，我本人絕對沒有拿這間公司的任何一毛業配費用（笑）。真的是帶著很純粹的心情，把真正優質的東西介紹給大家。這款鐵夾的手柄色彩繽紛，令人怦然心動喔♪而且非常地堅固耐用，我每天這麼頻繁使用，還是可以用三年左右。這就是所謂的超高ＣＰ值啊。身高很高的人，就用六十公分的長鐵夾，如果是身高不滿一百五十公分的小個子，建議可以買四十六公分的兒童版鐵夾。

那麼，如果你已經是撿垃圾的高級玩家，想跟我一樣邊撿垃圾邊走遍日本各地、甚至世界各地的話，平常就用六十公分的垃圾夾，需要搭乘飛機移動的時候，則建議選擇四十六公分的夾子。我前面也有提過，四十六公分的長度，只要用大一點的背包就裝得下，也可以帶進機艙內。

至於垃圾袋，首先，打算認真撿垃圾的時候，基本的作法是先拿著一個垃圾袋，然後再準備備用的垃圾袋，把袋子折得扁扁的，放進隨身的腰包或是手提包、口袋都可以。這麼做有什麼用意呢？一來是為了撿到太多垃圾、一個不夠裝了就拿出來

中級玩家可以使用兩個垃圾袋，很方便♪

用；另一個原因就是，如果事先把可回收和不可回收的垃圾分開來，後續在處理垃圾時就會輕鬆很多。主要的那個袋子就用來當作裝一般菸蒂和紙屑的垃圾袋，輔助的袋子就拿來裝報特瓶、空鋁罐等回收垃圾，是個很方便的做法。如果兩個都使用有提耳的垃圾袋，可以讓裝垃圾的動作更加流暢。

選用能讓自己怦然心動的垃圾袋吧♪

接下來，更高級的撿垃圾玩家還有一個小撇步，就是選用令自己怦然心動的垃圾袋。我自己最常用的，就是色彩繽紛、令人怦然心動的垃圾袋。要讓自己的內心保持愉快，色彩是一個非常重要的元素。我夏天會穿的正式服裝搭配，就是一件淺綠色的短褲。這本書的封面[22]也是草綠色的。是我最感到怦然心動的、最喜歡的顏色。如果想讓心情變輕鬆的話，使用「較輕的顏色」就很適合。為這本書擔綱美術設計的小學六年級生，也就是我的二女兒咲蘭，她很常光顧一個叫做 Pink-Latte 的

22　此處指日文版發行的封面。

時尚品牌。那間店的購物袋就是可愛的粉紅色，設計得很好看，塑膠材質也是偏厚、耐用的類型，真的是兼具動人的色彩和實用的價值。二〇二二的上半年，我差不多整整半年都是用 Pink-latte 的袋子。有一次我撿到一根群馬縣特產——烤饅頭的竹籤，裝進垃圾袋的時候，堅固的 Pink-latte 塑膠袋就這樣被我戳破了，於是我用布膠帶為他進行了手術、修補的動作。結果你猜怎麼樣？Pink-latte 的垃圾袋啊，她覺得很開心喔（我是這麼認為的）。

撿完垃圾之後，像我這樣的高級玩家，就會把袋子裡的垃圾丟掉、把垃圾袋留下來重複利用。萬一撿到了廚餘那類的垃圾、讓垃圾袋發臭了的話，就用水管往袋子裡沖一沖、再把它翻面放置，臭味大致上都可以去除掉。如果真的還是很在意的話，就丟了吧。我最近個人愛用的另一個垃圾袋，是迪士尼樂園的袋子。迪士尼樂園真的是很會做生意（笑）。它總是可以讓人連不需要的東西都接一不小心衝動地買下去呢。不過相對的也就量產了非常多的垃圾（苦笑）。迪士尼是夢幻的國度，但是我必須語重心長地祈求：真正的夢幻國度應該要是一個垃圾很少的國度呀，我帶著這樣的心情，今天也認真使用著迪士尼的垃圾袋♪

有一次我在撿垃圾的時候，一個靈感閃過了腦海。在 PRIMAVERA 旗下，有一間專營名牌貨買賣的二手商店，叫做 Goldies。那間店囤積了許多 LV 和愛馬仕等等的精品袋。那不是剛好可以拿來撿垃圾嗎！我本來是這麼想的，可惜那些全部都是紙袋，只好作罷。我還想說如果能拿著 LV 塑膠袋撿垃圾、不知該有多美好啊，這個夢想就這樣被現實擊碎了（笑）。總而言之，撿垃圾，也要能夠「怦然心跳」、興高采烈地撿垃圾，才是最重要的。畢竟撿垃圾的目的，就是要讓心情變得超級好呀♪

目的並不是將垃圾分門別類

我在自己家附近撿垃圾時，會把垃圾袋帶回自家的車庫，在我的「吉川家簡易垃圾處理廠」分類它們。可燃垃圾、寶特瓶、寶特瓶瓶蓋、玻璃瓶、鋁罐、乾電池等等，按照這個地區規定的分類方法處理。分類的時候，假如撿回來的垃圾不多，用鐵夾就能夠完成，但垃圾一旦多了，在垃圾處理廠準備一雙手套就顯得很方便了。戴著手套處理起來輕鬆又愉快。

我在吉川家簡易垃圾處理廠做垃圾分類♪

那麼，針對垃圾分類這件事，請容我說一句話。撿垃圾的目的是什麼？那就是讓內心變得輕鬆。那就是讓心情變得愉快。不過呢，有些人明明心裡知道撿垃圾是很好的事，但又覺得「如果沒按照分類的規定把它們完美地分開來回收的話，總覺得渾身不對勁。」或者：「不好好分類的話罪惡感很重。」一定會有這樣的人。不過，請各位仔細想一想。

這些垃圾是誰丟的呢？肯定不是把垃圾撿起來的我們吧。其實垃圾分類，應該是做它們的人、買它們的人、把它們丟在地上的人要負的責任。這個責任不應該落在把垃圾撿起來的人身上。所以，對我們這些撿垃圾的人來說，把它們撿起來這件事本身才是目的，我們的目的並不是去分類它們。因此，在分類這件事情上，不用花太多的心力，大致上分類一下就已經很好了不是嗎？像我自己，常常也會不小心把鋁罐丟進可燃垃圾的袋子裡，惹來太太一頓責罵（笑）。如果被我的偶像、垃圾分類的啟蒙老師、清潔隊員兼諧星——MACHINEGUNS的瀧澤秀一看到的話，一定也會被罵吧（苦笑）。

但如果你真的在意得不得了的話，學習的機會就來了！從這裡就可以發現自己帶有：「我如果不把垃圾分類做得很完美，就渾身不對勁。」這種觀念，也就是一種自我束縛。發現自己的完美主義，就有機會去練習鬆動自己先入為主的框架。那麼，從今天開始，你就可以過上更鬆弛、更輕鬆愉快的生活。以一知萬，從一件小事開始鬆動，面對其他許多的事物也能變得心胸開闊。

除了帶回家，垃圾還可以怎麼處理？

那麼除了帶回家處理以外，還可以把垃圾拿去哪裡丟呢？我個人最推薦的是便利商店，雖然便利商店的垃圾桶都會貼上「禁止丟棄家庭垃圾」的標語，但我偶爾還是會去借丟一下。我已經想好，假如店員出聲詢問我：「先生，請問你那包垃圾是哪裡來的？」那我就會笑嘻嘻地、抬頭挺胸地回答他說：「這些是在你們停車場撿回來的垃圾唷。」不過很可惜，至今為止我一次也沒有被問過（苦笑）。

以前我很常撿完垃圾之後就走去便利商店、往募款箱裡投點錢，然後把垃圾丟在他們的垃圾桶。這樣一來，就沒有什麼罪惡感了。不過在我長年以來捐款的過程中，我發現了一件事：很遺憾的，那些善款很多都不會被用在它真正的目標上，很大一部分是拿來做為這些慈善團體的人事費用。現在的話，捐款的部分我就偶爾捐個意思而已了，比起捐款，撿垃圾更讓我樂在其中。道理在於，一個企業當中花費最大的經費項目通常都是人事費用。那麼我貢獻出自己寶貴的時間去撿垃圾，已經是最有效的「捐款」了。因為，假設花了一百個小時撿垃圾，以大家工作的時薪三千日圓來試算的話，就用了三十萬日圓的人事費用在撿垃圾。

如果覺得丟在便利商店執行起來很困難的話，何不試試看超市呢？入口附近一般都會擺垃圾桶。如果沒看到，在收銀檯後面的整理區也一定會有垃圾桶。如果要在自家附近撿垃圾，事先研究一下那些公園之類的公共設施有放置垃圾桶會很有幫助。在撿了太多垃圾、塑膠袋都快要撐爆了的時候，就可以不必帶回家，丟在那些垃圾桶裡就好了。

其他也還有一些店鋪會在門外放置垃圾桶，開放大家丟垃圾。順帶一提，像是PRIMAVERA的直營店，為了眾多勤於撿垃圾的「哥級垃」們著想、也為了造福一般民眾，店外就放了二十四小時開放的垃圾桶。車站的話，雖然各地情況可能有所不同，但大致上來說都會有垃圾桶。我最常搭車的地點是東武鐵道的太田車站，不巧的是這一站就是沒有垃圾桶。似乎是最近一年內撤掉的……。所以，我會在搭上特急列車的時候，故意排在最後面，在對號入座以前先找到放在車廂與車廂間連結空間的垃圾桶，心懷感恩地把手上的垃圾丟掉。這種時候，我只會把大型的罐子和寶特瓶分類出來，其他的就隨興地全部丟進可燃垃圾的垃圾桶裡了。

旅行中處理垃圾的方法

再分享一個旅行途中的密技：飯店的櫃台附近都會有廁所，把垃圾丟在那邊的垃圾桶也是一個方法。如果有在該旅館住宿的話，就可以光明正大地丟。不過如果沒有在那裡住房，我們一樣可以把旅館附近的垃圾撿一撿，就正大光明地走進飯店、毫無罪惡感地讓他們幫忙處理垃圾吧。

實際上我在飯店住宿時，我通常就會把垃圾丟在入住房間裡面的垃圾桶。但是因為總會撿到很多菸蒂，所以如果直接丟在垃圾桶的話，房間裡就會充滿菸味，很容易讓環境變糟、令那些不抽菸的旅客很反感。所以這邊我還是建議把垃圾桶帶到廁所，放在廁所並好好地蓋緊蓋子。我的其中一個夢想就是在禁菸的飯店房間裡丟棄一大堆的菸蒂，然後面對：「客人您是不是在禁菸的房間裡抽菸了？」這種冤罪的質疑（笑）。我就可以笑呵呵、一臉得意地回答說：「我在你們飯店附近撿到了這～麼多的菸蒂喔。」不過像這樣的冤罪事件至今也是都還沒有發生（苦笑）。

垃圾就是這樣找到的

請記住，垃圾是白色、透明、或是銀色的。如果你走在大馬路邊看到這些顏色，通常就是垃圾。白色的代表選手就是菸屁股。再來就是紙屑。疫情過後比較特別的一點則是用過的濕紙巾變多了。口罩的話大約每一百個垃圾當中會出現一個。因為在路上看到白色的東西時99％都是垃圾，害得我好幾次都把掉在路邊、秋天時盛開的白色花瓣誤認成是垃圾。這已經不能說是職業病了，應該說是習慣病吧（苦笑）。

銀色垃圾的代表選手就是——包裝紙。銀色的口香糖包裝或者是錫箔紙。僅次於它的代表選手就是鋁罐之類的易開罐。至於透明的垃圾，就是封膜。在路上很常撿到包裝商品用的塑膠封膜。

在大馬路旁的人行道撿垃圾時的要點是：即便主要的步道上看起來沒什麼，但垃圾通常會集中在道路的邊邊、或者是種植行道樹的地方。因為垃圾掉在地上，受到風的吹拂，垃圾會被「牽引」、聚集在這些地方。比方說堆積在人行道邊邊的溝槽、或是卡在行道樹底下那種充滿雜草、枝葉與泥塊、石頭的地方。所以，乍看之下覺得：「沒看到什麼垃圾，這邊好像不值得動手撿啊……」的時候，就瞄準行道樹底下、還有道路邊緣去試試看吧。還有，就像水會滯留在低處，垃圾也會因為重力而聚集在地勢最低的地方。所以那種低窪潮濕的「陰地」也就容易堆積垃圾。

在人行道上撿垃圾，有一點需要注意。跟著垃圾走，步行的路線就會變得歪七扭八的。那麼，就會阻礙到從後面快步跑過來的人、後方騎過來的腳踏車，造成通行上的困擾。而哥及垃們要是突然往左邊移動，也特別容易發生事故。一心一意筆直前進地撿垃圾的話，基本上是沒什麼問題，但是如果要撿左邊或右邊的垃圾，一定要先確認過前後有沒有腳踏車或是行人再去撿喔。在交通安全的領域，常常需要確認左右來車；而撿垃圾的安全，需要確認前後的通行者。

撿垃圾的時候最常見的東西TOP 5

我至今撿了一百萬個垃圾，某次突然想到一件事：「話說回來，路上最常出現的是哪一種垃圾呢？我來統計一下撿到的垃圾組成比例好了。」我自己經營的PRIMAVERA公司，可是以資料導向決策的經營模式為傲的。意思就是根據資料數據來制定各項決策。如此一來就可以減少營運上的缺失，並提高成功的機率。我發現自己身為一個總是用資料導向的方式來做決策的執行長，如果不把撿垃圾的資料進行數據化統計還真說不過去（苦笑）。

於是，我將自家附近分為①住宅區、②商店街、③郊區店面周遭、④學校、公園等公共設施周遭，並以這四個據點為主，不遺餘力地走了好幾遍、進行垃圾的統計分析。接下來我會公布統計結果。會做這麼偏門的數據分析的人，這個世界上大概也沒幾個了吧（笑）。誰教我是拾荒仙人呢（苦笑）。

其中數量最多的，毫無懸念，就是菸蒂。實際占比是45%。第二多的就有點出乎意料，是塑膠類的垃圾。像是停車時撞壞的停車場三角錐碎片等塑膠製品的殘骸就非常常見。塑膠微粒已然造成海洋垃圾汙染的問題，而陸地上的垃圾也出現了相同的現象。第三名就是紙類垃圾了。很多都是包裝紙或者是發票收據。在調查的時候也很罕見地撿到了拍立得。第四名，是面紙和濕紙巾，緊接在後的是口香糖包裝之類的錫箔紙。

用過的口罩佔全體總量的1.6％。我之所以會說「每一百個垃圾當中就會有一個是口罩」，就是根據這一份資料說的。

稍微偏題一下，在我進行垃圾數量調查的時候發生了這樣的一個事件：有一天我撿了很多垃圾回到自家的停車場，把他們全部攤開、擺放整齊正在統計時，被太太看見了，她一臉狐疑地問道：「你這是在幹嘛？」我說：「我在數垃圾。」結果她竟然說：「真可愛！」甚至還幫我拍了張照（笑）。雖然說她完全沒有要動手幫忙數垃圾的意思就是了（苦笑）。做這種看似得不到任何回報的傻事，就可以成為不只是自己愛自己、而且還人見人愛的人喔。

另外，說到比較罕見的垃圾，在我撿了超過一百萬個垃圾之後，前陣子在某個停車場裡第一次撿到了泳帽。在那一百萬個當中，撿到過三個左右用過的保險套

試著做了一份撿垃圾的數據分析♪

大分類	中分類	小分類	數量	佔比	摘要
香菸	香菸	菸蒂	163	44.8%	
塑膠	工業用品	塑膠垃圾	29	8.0%	停車場的三角錐碎片等
紙類	其他紙類	紙類	27	7. 4%	收據明細、包裝紙、拍立得、筆記紙、廣告單
紙類	其他紙類	衛生紙類	18	4.9%	濕紙巾比較多，公園撿到的會沾有便便
紙類	食品雜物	口香糖的錫箔紙	17	4.7%	很少看到裡面有口香糖
塑膠	車輛部件	明顯是車子的部件	15	4.1%	
PVC 塑膠	其他包材	透明 PVC	13	3.6%	
其他	其他包材	其他	10	2.7%	橡皮筋、夾子、束線帶、強力膠帶、冰棒棍、乾燥劑、購物紙袋
PVC 塑膠	食品雜物	包裝用 PVC	8	2.2%	糖果點心的塑膠包裝材料
紙類	衛生用品	濕紙巾	7	1.9%	
鋁罐	飲料相關	鋁製飲料瓶蓋	7	1.9%	很難夾起來
布類	衛生用品	口罩	6	1.6%	最不想要撿到的東西，很常卡在樹枝上
紙類	香菸	菸盒	6	1.6%	相對大的物件，有看到就會覺得應該要撿
寶特瓶	飲料相關	寶特瓶	6	1.6%	乾淨的話就回收，很髒的話就丟棄
鋁罐	飲料相關	鋁罐	5	1.4%	超過兩成裡面還有液體內容物
寶特瓶	飲料相關	寶特瓶蓋	5	1.4%	很常被車子壓扁
紙類	其他紙類	紙箱	4	1.1%	偶爾會有很大的紙箱
橡膠	工業用品	橡膠製品	4	1.1%	
木頭	食品雜物	免洗筷	3	0.8%	疫情過後變少了，牙籤也是
PVC 塑膠	食品雜物	便當、飲料	3	0.8%	很多是垃圾箱滿出來掉在外面的
其他	其他包材	繩子	3	0.8%	
紙類	飲料相關	外帶紙杯	2	0.5%	超商附近可能會比較多
布類	日用品	粗布手套	1	0.3%	乾淨的話可以洗一洗自己拿來用
布類	日用品	毛巾	1	0.3%	乾淨的話會洗一洗拿來用
PVC 塑膠	食品雜物	藥品錠劑	1	0.3%	通常是空瓶
			364	100.0%	

（笑）。還有一次，我心裡正好想要一個 iphone 耳機的轉接頭，結果很驚人地、當天就在附近的路上撿到了一個被輪胎輾過的轉接頭。當然這個轉接頭是我撿過的第一個、同時也是最後一個了。我撿回來用濕紙巾擦乾淨之後，插上耳機測試了一下，完全可以使用。**真正需要的東西就是會在你真正需要它的時刻來到手中，我感覺到緣分就是如此神奇**。

最近還有一次，我才正想著要添一雙分類垃圾用的粗布手套，十五分鐘後，就在撿垃圾的時候撿到了兩隻粗布手套。

洗澡的時候我順便把那雙粗布手套偷偷洗乾淨、當作自己的東西一樣拿來使用。像這種明明是奇蹟般的巧合，撿垃圾時卻會一而再再而三地發生，真是撿再多次也不會膩（笑）。

「風水不好的場所」正是最佳的撿垃圾地點

身為企業經營者，總是很重視運氣。我也為了讓公司有好的發展，做了非常非常多的努力，但所謂的「成功」，最主要靠的還是「運氣」。運用科學方式去研究運氣的一個例子就是「風水學」。我自己也過曾經學過一點風水的皮毛。在風水學當中，土地也有分「強運的土地」和「弱運的土地」，據說在不好的土地上展店，生意就好不起來。雖然展店的時候會先利用科學的方法、進行商圈人口和腹地等等的分析，但成功率並不是100%。所以說，展店就是一場賭注。因此，我也會事先調查「運氣」成分，作為是否可以展店的參考。

就風水學的理論來說，有垃圾聚集的地方，不利於能量與水的流通，會形成「弱運的地點」。但是對於我們這種哥及垃來說，這種弱運的地點正是撿垃圾的絕佳處所。就像是釣魚愛好者公認的超棒釣場那樣。深入這種所謂弱運的地方，然後淨化它、讓它變成一個能量景點，這對於哥及垃們來說也是相當有成就感的一件事。

更何況，只要讓自己本身維持絕佳好心情、釋放出輕鬆愉快的能量，就已經可以讓自己本人變成一個行走的能量場了。撿垃圾這件事，一方面可以讓弱運的地點變成能量景點；另一方面也可以讓自己成為一個行走的能量場，同時兼具了這兩種正向吸引力呢。

只有這點要特別小心！撿垃圾需要注意的事

接下來我要跟大家分享的是——撿垃圾入門玩家最容易遇到的問題、也是撿垃圾時特別需要注意的五件事。第一個就是地點。有幾個地方，是比較不適合撿垃圾的，我們還是應該要盡量避免。

第一個，就是人山人海的車站。在人潮特別洶湧的車站，整座車站的地上是會有非常多的垃圾沒錯。但這時候我們應該要忍住想去撿垃圾的慾望，轉個念讓自己視若無睹。因為依但為了撿起一個垃圾而停下腳步，後面就會發生連鎖追撞的事故了，假如是在下樓梯的狀態下就更加危險。但如果真的非常想撿垃圾，也是有辦法的，就是要先排到人龍的最尾端再撿。

第二個就是：不要在車道上撿垃圾。我至今已經撿了超過一百萬個垃圾，但很神奇的是，完全沒有被人按過喇叭。因為我知道「車道是聖域」，白天要撿垃圾的話，我會謹守分際地乖乖留在路邊和紅綠燈路口的轉角附近撿。尤其是帶著小孩一起開心地去撿垃圾的時候，我會讓小朋友走在自己的內側，護著她們、不讓她們走到車道上。

第三點就是：會讓自己不開心、不舒服的東西就不要去撿。我們在路上撿垃圾，有時候會看到烏鴉在垃圾處理場搗亂，把廚餘類的垃圾翻得亂七八糟。如果去撿這些髒亂的垃圾，自己的心情指針很容易會偏向不開心的那一邊。別的不說，就真的很臭啊！如果把這種會散發臭味的東西裝進垃圾袋裡，它就會隨時飄出陣陣臭味。這種不舒服的感覺就很容易連帶地讓心情也變得不好。

還有像是死掉的蟲屍或者是便便，這些我也不會撿。因為它們其實不算是垃圾，而是應該回歸大自然的東西，所以我們就問心無愧地當作沒看見吧。還有一種很常見的情況、比如說最常見到的就是星巴克的星冰樂杯子，這類爬滿了螞蟻先生的飲料類垃圾。像這種東西，螞蟻先生他們正在開心地享用著呢，就讓它繼續放在那裡吧。這是對螞蟻先生他們的一種尊重、是一種有愛的處世態度。

第四點就是：不要在晚上撿垃圾。如果頑固地想要在夜裡一片漆黑的時候撿垃圾，就會很容易發生悲劇，比方說像我一樣、連自己撿了一包有髒尿布都不知道，或者是把蟲子的屍體或是便便誤以為是垃圾而撿起來。如果晚上想撿垃圾，可以找亮一點的地方撿，為了安全起見，烏漆抹黑的地方我們還是盡量避開會比較好。

撿垃圾時見好就收的最佳時間點

最後還有一點要提醒大家，就是：「撿垃圾要在心情愉快的時候見好就收。」撿垃圾很容易就會一不小心太過投入、開始覺得：「還得再撿多一點才行」、「都專程來撿垃圾了，我要把車站前面的這整個圓環都撿得清潔溜溜！」像這樣給自己施加壓力。不過，這就有點自我犧牲、壓抑自己的傾向了。原本是快樂地撿著垃圾，不知不覺間就會產生一種義務感，漸漸就變得沒那麼開心了。我們可以說這種情況也是把自己「未來的」成就感擺在前面，把自己「當下的」絕佳狀態和情緒給扼殺了。其實，這一點正是我們身為耿直憨厚的人最容易遇到的困擾，是最需要注意的重點中的重點。

我希望各位務必經由撿垃圾的行為，將這件事帶來的啟發應用到日常生活中。經由撿垃圾的行為，試著去誠實面對自己真正的感受。所以，**撿垃圾就是要在自己心情愉快的時候停下來。然後把這個感覺應用在家庭、或是工作之中，自己心裡的指針也就不容易偏向不開心的那一邊了。之所以會不開心，有很大一部分是因為自己能量不足所導致。**我們都很常在自己明明已經疲憊不堪的狀態下，卻還無視自己身體的悲鳴、強迫自己去和家人相處或是工作。一旦心靈和身體都精疲力盡了，就會很容易產生出「我明明已經這麼努力了」的這種「明明已經病」。然後就容易陷入受害者思維的模式，堪稱是最不幸的心理狀態。接下來，就會直直墜入一個充滿怪罪推託的痛苦世界裡。所以，只要出現這樣的想法：「今天已經撿到了這些垃圾，差不多可以了吧。」就可以馬上收工。也許這就是能夠讓人長長久久、繼續撿下去最重要的秘訣。

結語

我非常喜歡一個故事。如果特別想要感動流淚一下的時候，我就會重新讀一遍這篇『天使的禮物』。這個故事我已經讀過好幾百次，也哭了好幾百次（笑）大約從十年前開始，我就在員工們參加的自我啟發課程：「心動人生～笑容滿面、活力滿點研習營」裡加入了這個故事，至今已說了無數次。有一點倒是一直讓我很困擾，就是明明每次都說一模一樣的故事、卻還是會邊說邊感動得哽咽起來（苦笑）。推薦大家如果想要洗滌一下心靈、想要哭一下的時候，務必多讀幾次這個故事♪

讓我們看下去吧。話說從頭，有一個找不到生活意義的老太太，來找心理學權威艾瑞克森博士諮商，故事就從這裡開始說起。

『天使的禮物』

有一次，艾瑞克森博士來到某處旅行，一位很有錢的老婦人前來拜訪。

老婦人：「我的錢很多，完全可以自由花用，還住在一棟大豪宅裡。屋裡都是從義大利買回來的高檔家具，每天都有專屬的廚師為我做完美的料理。我喜歡照顧院子裡的花草，除此之外其餘的雜事都有女傭幫我完成。儘管如此，我卻認為沒有人比我更加不幸，我好寂寞、好寂寞，寂寞得難以承受。」

艾瑞克森博士靜靜地聽完她說的話。

博士：「這樣啊。妳平常會上教會嗎？」

老婦人：「我偶爾會去。」

博士：「那麼，請妳向平時去的那間教會拿一張教友通訊錄。並且在那個名單上寫下大家的生日。妳剛才說妳喜歡照顧花草，那麼，在整理園藝的工作當中，妳最喜歡的是哪個部分呢？」

老婦人：「我最喜歡照顧非洲堇。澆水的份量要拿捏得很剛好，一般來說不太容易繁殖，但是我把它們照顧得很好，花越開越多。」

博士：「妳回到家以後，先把通訊錄上的教友按照生日的順序整理一遍。然後，到了名單上的某個人生日的時候，妳就準備一些妳親手栽培的花、再加上一張小卡片，偷偷送到他家。不可以被別人發現、也不能讓對方知道卡片和花是誰送的哦。這是妳的回家作業。只要妳去做，我保證妳一定可以成為界最幸福的人。如果還是一直無法感到幸福的話，到時再請妳搭四個小時的飛機、到我的辦公室來找我。」

老婦人的心裡實在太空虛了，她二話不說就決定去試試看。

她照著博士所說的，暗中調查這個月有誰生日、並為那個壽星精心搭配一小盆花。為了不被別人發現，她在凌晨三點起床，小心翼翼地把那盆花送到生日的人家。漸漸地，鎮上的人們開始討論起這件事情。大家都說這個小鎮真是太美好了，生日的時候會有天使降臨、還會獻上一盆祝福的花！由於沒有人知道這個禮物到底是誰送的。於是老婦人打電話向艾瑞克森博士報告：

老婦人：「我都沒有被別人發現，作業很順利地完成了。」

博士：「那妳感覺怎麼樣呢？還是覺得很不幸嗎？」

老婦人：「欸？我有說過我很不幸嗎……？」

博士：「妳半年前來找我的時候，不是這麼說的嗎：『我覺得沒有人比我更加不幸。我雖然很有錢，還住在一棟豪宅，可是心裡好空虛。』」

老婦人：「對哦，我之前完全忘了有這回事。」

三個月後，聖誕節到了。聖誕節當晚，艾瑞克森博士接到了老婦人打來的電話。

老婦人：「醫師，我從來沒有遇過這麼神奇又難忘的聖誕節！我的園丁在大門旁邊擺了一棵聖誕樹，結果今天早上，那棵聖誕樹下竟然堆滿了聖誕禮物！而且禮物上面都沒有寫名字。不過竟然每一樣都是我喜歡的禮物。有很像我平常在戴的帽子、也有顏色和我常用的手套很搭的圍巾之類的……還有好多花的種子、和全新的生日賀卡。這些到底會是誰送的呢？」

一位住在這個小鎮的老奶奶，明天就要滿八十五歲了，正在和家人討論著是否要搬去老人照護中心。

這可能是我在自己家裡過的最後一個生日了——老奶奶這麼想著，當家人們正在為她慶祝生日時，她突然發現桌上擺了一小盆美麗的非洲堇。

老奶奶問：「這盆花是誰送給我的呀？」

家人們說：「是天使送的。」

老奶奶真的相信那是天使送來的禮物。知道除了家人以外還有人在乎自己，實在是太令人開心的一件事。想到要搬去照護中心，她心裡其實很失落，但此刻卻感覺充滿了勇氣。於是她的家人們決定去查一查，找找看這件帶給奶奶勇氣的禮物究竟是誰送的，最後大家發現送禮的人就是住在大宅院裡的那位女士。雖然知道她什麼也不缺，但是鎮上的人們還是想要給她相同的回報，於是大家經過一番討論後，便悄悄地在老婦人的聖誕樹下放了那些禮物。

老婦人：「我真的這輩子都沒有過過比今天更開心的聖誕節了。」

博士：「人家常說『禮尚往來』嘛，妳就開開心心地收下那些禮物吧。妳在花園裡播下種子，種子會長成花朵回到你的身邊。而妳已經播下了一個又一個小小的種子，所以聖誕節的時候才會開出這麼漂亮的花呀。」

摘自　珊瑚珠色的部落格「珊瑚的催眠天空」

請問，讓這位老婦人能夠感受到生活的意義、感覺到幸福的原因是什麼呢？

「為了素不相識的人耗費心力照顧一盆花、專程在凌晨三點起床、偷偷把禮物送到對方家，不禁覺得做這些事情的自己真是可愛。」這是自我肯定感。

「擅長栽培非洲堇，而且成功地堅持下去、用這些花做成了禮物送給教會名冊上的所有教友。」而這是自我效能感。

「之前覺得自己雖然有錢，卻完全幫不上任何人的樣子，但是開始送花之後，知道自己也能讓別人感到喜悅。」這就是自我有用感。

我想就是這三點，讓她找回自信、回到幸福且充滿快樂的世界裡。

就我個人認為，這個故事在某種程度上肯定也和撿垃圾這件事互相呼應。

「儘管沒有得到別人的感謝或者尊敬，還是在傻傻地把完全不認識的人家或是店家前面的垃圾撿乾淨，不禁覺得這麼做的自己真是可愛。」這是自我肯定感。

「擅長撿垃圾，並且一直堅持著，幾乎每天都為自己走過的這個城鎮帶來了整潔的環境。」而這是自我效能感。

「在別人家門口、公用道路上、公共建築裡面撿垃圾，感覺自己正在為世界、為世人付出貢獻。」這就是自我有用感。

所以，這樣堅持不懈撿垃圾的自己，或許哪天也會收到像聖誕禮物一樣的獎勵，從某個人手中翩然降臨呢，想到這種事，我就幸福得不禁笑了出來。不過，就算沒有直接的獎勵，撿垃圾的時候也已經時不時地會遇上意想不到的禮物。像是碰到還能使用、很可愛的垃圾們；看見令人憐愛的花草樹木；遇見帶著笑容過來聊幾句的、溫暖的人們……。這種「出乎意料的幸運」、「小小的奇蹟」會不斷地發生。就是這些事情為生活增加正向吸引力。

如果像老婦人那樣收到聖誕禮物的話，一定會很開心吧。不知道什麼時候才會有人偷偷放一些蔬菜水果在我家的大門前呢……我其實心底也是帶著這麼一點點夢想的。不過，我非常明白撿垃圾這件事帶給人們真正的禮物。那個禮物就是讓自己的內心幸福愉快。那位老婦人「單純只是把非洲菫送給某個人」就已經得到了幸福。這種情況同時也會發生在撿垃圾的時候。平平淡淡地過著撿垃圾的日常，就能夠收獲幸福愉快的內心。這就是撿垃圾給予我們的、最大的禮物，我想這才是真正的『天使的禮物』。

而能夠收到「出乎意料的上天餽贈」或是「幸福愉快的內心」這樣的禮物，正是我認為撿垃圾這件事為我們的人生所施展的魔法。

只要我們每一個人都為自己的心開創一片幸福快樂的天空，就能夠降低對他人的干涉，人際關係就能變得圓滿。這件事再向外拓展出去，就能夠成就一個舒適愜意的超棒社會。我覺得讓自己保持愉快，就是對社會最棒的貢獻，所以今天也一樣哼著歌、拿著鐵夾撿垃圾，讓自己心裡的指針停留在幸福愉快、狀態絕佳的那一邊♪

假如、萬一這本書真的稍微產生了一點點力量，推動大家去撿垃圾、讓日本各地開始出現更多自動自發撿垃圾的人，那麼日本整個國家都會得到世界的讚譽吧♪像是：「這個國家真是全世界最美的國家！」、「這個國家有好多好多無名天使。」、「這個國家就是天使居住的國度！」

如果這本撿垃圾的書，能夠為各位帶來那麼一、兩步的幫助，讓各位心裡的指針都能夠指向快樂的那一邊，那我就很幸福了。我在此為各位讀者獻上祝福，祈求

美好的事物都會如流星雨般紛紛降臨在各位身上♪

專程把路邊的垃圾留給我、沒有撿起來的各位，我也對你們所有人致上最真摯的愛與感謝♪

高寶書版集團
gobooks.com.tw

EB 046
撿到好運的正向吸引力：年收 47 億書店社長從撿垃圾學到的 12 個人生幸福指南
ゴミ拾いをすると、人生に魔法がかかるかも♪

作　　者　吉川充秀
譯　　者　黃佳韻
責任編輯　吳珮旻
封面設計　林政嘉
內頁排版　賴姵均
企　　劃　陳玟璇
版　　權　劉昱昕

發 行 人　朱凱蕾
出　　版　英屬維京群島商高寶國際有限公司台灣分公司
　　　　　Global Group Holdings, Ltd.
地　　址　台北市內湖區洲子街 88 號 3 樓
網　　址　gobooks.com.tw
電　　話　（02）27992788
電　　郵　readers@gobooks.com.tw（讀者服務部）
傳　　真　出版部（02）27990909　行銷部（02）27993088
郵政劃撥　19394552
戶　　名　英屬維京群島商高寶國際有限公司台灣分公司
發　　行　英屬維京群島商高寶國際有限公司台灣分公司
法律顧問　永然聯合法律事務所
初版日期　2024 年 10 月

國家圖書館出版品預行編目（CIP）資料

撿到好運的正向吸引力：年收 47 億書店社長從撿垃圾學到的 12 個人生幸福指南 / 吉川充秀著；黃佳韻譯 . -- 初版 . -- 臺北市：英屬維京群島商高寶國際有限公司臺灣分公司 , 2024.10
面；　公分

譯自：ゴミ拾いをすると、人生に魔法がかかるかも♪

ISBN 978-626-402-096-1(平裝)

1.CST: 自我實現　2.CST: 自我肯定

177.2　　113013922

GOBOOKS
& SITAK
GROUP©